O OUTRO LADO DO PHODER

© **Sílvio Barsetti**, 2022
Direção editorial: **Bruno Thys e Luiz André Alzer**
Capa: **Bruno Drummond | Bloco Narrativo**
Diagramação: **Cintia Mattos**
Pesquisador-assistente: **Roberto L. Airão Barboza**
Revisão: **Camilla Mota**

Dados Internacionais de Catalogação na Publicação (CIP)
(eDOC BRASIL, Belo Horizonte/MG)

Barsetti, Sílvio.
B282o   O outro lado do poder: a história da política brasileira pela ótica das prostitutas / Sílvio Barsetti. – Rio de Janeiro, RJ: Máquina de Livros, 2022.
    160 p. : 14 x 21 cm

    Inclui bibliografia
    ISBN 978-65-00-53662-1

1. Brasil – Política e governo. 2. Prostituição – Brasília. I. Título.
CDD 320.981

Elaborado por Maurício Amormino Júnior – CRB6/2422

Grafia atualizada segundo o Acordo Ortográfico da Língua Portuguesa de 1990, em vigor no Brasil desde 2009

1ª edição, 2022

Todos os direitos reservados à **Editora Máquina de Livros LTDA**
Rua Francisco Serrador 90 / 902, Centro, Rio de Janeiro/RJ
CEP 20031-060
www.maquinadelivros.com.br
contato@maquinadelivros.com.br

Nenhuma parte desta obra pode ser reproduzida, em qualquer meio físico ou eletrônico, sem a autorização da editora.

Sílvio Barsetti

O OUTRO LADO DO PHODER

A história da política brasileira pela ótica das prostitutas

máquina de livros

*A Roberto Lucio.
Gratidão pela colaboração (essencial)
na elaboração deste livro.*

Sumário

Capítulo 1 - **Palocci na mansão do prazer** 8
Capítulo 2 - **A sedução da capital** 18
Capítulo 3 - **Amores mercenários** 25
Capítulo 4 - **O bordel dos presidentes** 38
Capítulo 5 - **JK tinha história** 45
Capítulo 6 - **Taras do chefe da nação** 52
Capítulo 7 - **Fardas e encrencas com políticos** 59
Capítulo 8 - **General indomável** 65
Capítulo 9 - **Urnas e libido** 72
Capítulo 10 - **Se o Paranoá falasse...** 80
Capítulo 11 - **Barraco no Congresso** 85
Capítulo 12 - **Uma puta candidata** 91
Capítulo 13 - **Prostituição na agenda política** 96
Capítulo 14 - **Orgias com dinheiro público** 99
Capítulo 15 - **A dona do negócio** 104
Capítulo 16 - **Renan Calheiros no paraíso** 111
Capítulo 17 - **Dançarinas da TV** 118
Capítulo 18 - **A advogada que virou prostituta** 124
Capítulo 19 - **Polêmicas no plenário** 130
Capítulo 20 - **O calendário da farra em Brasília** 141
Agradecimentos 153
Bibliografia 155

CAPÍTULO 1
Palocci na mansão do prazer

A sala de estar e as quatro suítes da mansão mais afamada do Lago Sul, em Brasília, a 14 quilômetros da Esplanada dos Ministérios, testemunham uma babel com música, tilintar de taças e gargalhadas. A noite agradável é cúmplice de uma festa sem o rigor de regras e etiquetas. Convidados já desataram os nós das gravatas e se aconchegam às garotas selecionadas criteriosamente pela cafetina mais famosa do Distrito Federal: Jeany Mary Corner.

O perfil das jovens reúne requisitos que as diferenciam da maioria de suas colegas de ofício. Universitárias, com indiscutíveis traços de beleza, corpos lapidados em academias e sotaques diversos, elas são preparadas para seduzir homens poderosos, líderes, empresários, com a maior discrição possível, exigência dos clientes.

Jeany é chancela de qualidade no fornecimento deste tipo de serviço. As jovens de sua equipe não se interessam por nomes, não fazem perguntas e, o mais importante: sabem sair de cena no momento certo. São bem remuneradas para seguir à risca o roteiro previamente traçado. Normalmente convocadas para programas durante a semana, principalmente no horário de almoço, algumas têm a sorte de participar de eventos noturnos, quando o cachê é mais elevado.

Naquela noite de uma quinta-feira de novembro de 2003, cada recanto da casa suscita imagens e fantasias coletivas. Trata-se, no entanto, de mais um encontro restrito. Poucos funcionários contratados por assessores do todo-poderoso ministro da Fazenda, Antonio Palocci, estão à espreita; só os mais confiáveis.

Distante dos prédios sóbrios e sombrios habitados pelo mundo político, localizado numa área nobre da capital, o casarão do Lago Sul dispõe de dois pavimentos, piscina, salão de jogos, quadra de tênis – um dos esportes preferidos de Palocci – e um campo de futebol soçaite. É neste lugar que, de vez em quando, há peladas (no caso, jogos de futebol) regadas a energéticos e, ao final, cerveja e uísque. A mansão ocupa uma área de 700 metros quadrados, com câmeras e sensores de luz no interior e no quintal, que se acendem automaticamente a qualquer movimento.

As garotas circulam pela festa com roupas leves e insinuantes. Algumas misturam água com guaraná, enchem o copo com pedras de gelo e assim fazem de conta que acompanham o pique dos parceiros diante do álcool. Nota-se entre elas uma pequena rivalidade, revelada em olhares de desdém direcionados àquela mais cotada para ser a escolhida da "chefia", batizada pouco depois pelas próprias colegas de "primeira-dama". À eleita estaria reservada a suíte principal, com hidromassagem e closet.

Esse ambiente de suave conflito também se vê entre os homens. Neles, a disputa é até mais acirrada. Palocci e seu assessor Rogério Buratti, por exemplo, estão fixados exatamente na que desperta ciúme nas demais. Estabelecem um Fla x Flu de joguinhos de sedução a fim de conquistá-la. São mimos, cortesias, frases de efeito. Aparentam, porém, estarem absolutamente à vontade, convictos de que a mais cotada e as outras garotas cumprirão, como sempre, a cláusula pétrea de não violar a privacidade de ninguém.

Na área externa da mansão, as precauções são evidentes. As luzes do jardim estão apagadas – os anfitriões querem discrição. Embora tenha inimigos, herança de muitos anos na política, o ministro não desconfia que está sob observação. Esse papel caberia a um jovem bastardo, "sem sobrenome", sem cargo e sem dinheiro, até então um figurante nas orgias para as quais, evidentemente, não era chamado: o caseiro Francenildo dos Santos Costa.

Foi Francenildo quem acionou o sinal de perigo bem mais tarde, talvez ainda sem saber de seu poder de destruição. Em depoimento à CPI dos Bingos, em 16 de março de 2006, ele destrinchou boa parte da rotina naquele endereço frequentado por garotas VIPs de diferentes regiões do país.

O caseiro foi convocado em caráter de urgência à CPI, após entrevista ao jornal "O Estado de S. Paulo", em 14 de março, em que envolvia Palocci em festinhas organizadas por Jeany Mary Corner. Franzino e de origem humilde, com fala pausada e em claro desconforto, ele deu detalhes aos parlamentares sobre as visitas do ministro à mansão para encontros com lobistas suspeitos de interferir em decisões do governo e também sobre as festas com garotas de programa.

O piauiense de 25 anos despertou a imaginação de muitos brasileiros ao dizer que o lugar abrigava semanalmente baladas animadas por lindas mulheres, contratadas exclusivamente para servir a Palocci e a seus convidados. Essas festas teriam ocorrido em 2003 e 2004. Em suma, o casarão seria um point de distribuição de dinheiro em pacotes fechados e em maletas. E também um espaço para sessões conjuntas de relaxamento. Em Brasília e nos demais centros políticos e financeiros do mundo, poder e sexo costumam andar juntos.

Palocci se defendeu, jurou inocência e, numa reviravolta da história, a testemunha passou a ser alvo de acusações. Em 17 de março de 2006, o blog da revista "Época" publicou reportagem insinuando que Francenildo teria recebido dinheiro dias antes de incriminar Palocci. Constatou-se em sua conta bancária uma movimentação atípica para quem trabalhava como caseiro. Ele seria beneficiário de R$ 38 mil (na época, pouco mais de US$ 18 mil). Suspeitava-se que tais recursos estariam associados a alguma trama partidária. Em meio ao chorume que segue o curso da política nacional, o caseiro ficou na berlinda: teria recebido incentivo ilícito, ocuparia um cargo secreto, estaria cooptado por adversários do governo?

Com a quebra ilegal de seu sigilo bancário – não havia autorização judicial para isso –, Francenildo teve a vida exposta para o país inteiro. A fim de esclarecer a origem do dinheiro, o rapaz se viu obrigado a revelar um segredo de família, até então guardado a sete chaves. A maior parte do valor em sua conta foi depositada por um conhecido empresário do setor de transportes do Piauí, Eurípides Soares da Silva. Homem de posses em Teresina, dono da Viação E. Soares, ele seria seu pai biológico e um acordo entre os dois evitaria o que Eurípedes mais temia: que a família soubesse da existência do filho bastardo.

A repercussão do crime contra o caseiro, que apontava para o gabinete central do Ministério da Fazenda, além da pressão crescente no Congresso por conta das farras na mansão, obrigou Palocci a se afastar do cargo. A decisão foi anunciada em 27 de março, 11 dias após o depoimento de Francenildo à CPI dos Bingos.

* * *

Tal qual uma embaixada, a mansão do Lago Sul tornou-se conhecida como a sede da República de Ribeirão Preto. Era uma alusão à equipe que Antonio Palocci levou da cidade paulista, onde fora prefeito por duas vezes (de 1993 a 1996 e em 2001 e 2002), para trabalhar com ele no ministério mais importante do primeiro governo de Lula. Investigações da Polícia Federal revelaram que a casa fora montada por três de seus assessores: Ralf Barquete, Rogério Buratti e Vladimir Poleto. Este último teria arcado com o aluguel em 2003, pagando adiantado, por seis meses, R$ 60 mil – dinheiro suficiente para 13 pacotes turísticos de um cruzeiro de 11 noites por cidades históricas da Europa.

No depoimento à CPI dos Bingos, Francenildo (Nildo, para os íntimos) entrou em pormenores: recordou-se de rusgas por ciúme, exatamente entre Palocci e Rogério Buratti, na disputa por uma das muitas jovens que circularam pelo casarão. Em outro momento, indagado por um senador se seria capaz de identificar algum empresário que frequentava as festas, o caseiro se confundiu ao interpretar a pergunta como direcionada aos políticos da CPI, ali à sua frente.

— Dei uma *oiada* boa e aqui não tem nenhum deles — disse, arrancando risos de quem acompanhava a sessão.

A senadora Heloísa Helena (PSOL-AL) não perdeu a chance de cutucar:

— Depois do alívio de alguns, vamos retomar o depoimento.

No clímax do escândalo, vários políticos entraram no circuito para tirar uma casquinha da posição nada edificante, naquele momento, do ministro da Fazenda. Um deles, o prefeito do Rio, Cesar Maia (PFL), defendeu ironicamente que as garotas de programa habitués da mansão não fossem convocadas pela CPI:

— Eu soube que algumas meninas da Jeany estão querendo falar. Elas prometem não comentar a performance de ninguém, mas vão dizer "o fulano de tal esteve comigo naquela casa". É muito melhor deixá-las quietas, porque a vergonha assim vai ser menor.

A participação de Jeany Mary Corner na seleção do *cast* daquelas festas só veio a público depois da quebra de sigilo telefônico de alguns dos frequentadores da República de Ribeirão Preto. Embora negasse ter visitado o local, Palocci foi desmentido pelo motorista autônomo Francisco Chagas da Costa, de 56 anos, que declarou à CPI, em 8 de março de 2006, tê-lo visto "duas ou três vezes" por lá:

– Chegava de dia, num Peugeot prata. Com relação às meninas, eu mesmo levei *(de carro)* várias vezes para a casa.

Em entrevista publicada na "Folha de S.Paulo", em 18 de março daquele ano, Francisco mudou a versão apresentada à CPI: disse ter visto Palocci na mansão "muitas vezes". O maranhense trabalhou 11 meses para a República de Ribeirão Preto e contou que o político era tratado de "chefe" pelos demais.

* * *

Identificada pelas amigas como "promotora de eventos", Jeany referia-se às suas meninas como "recepcionistas". O cuidado com as palavras era uma característica dela, assim como o silêncio em situações de crise – especula-se que recebeu um bom dinheiro para se manter calada nas investigações sobre a casa do Lago Sul e outros endereços do Distrito Federal.

Na edição de 11 de março de 2006, a revista "Veja" revelou que Jeany recebera R$ 50 mil para não falar nada sobre um suposto esquema de corrupção envolvendo assessores de Palocci e deputados federais. Descobriu-se, mais tarde, que os anfitriões e os convidados para as festas na República de Ribeirão Preto tinham suas prostitutas preferidas. A cafetina fixava um preço pelo pacote da noitada, que variava de acordo com o número de mulheres selecionadas. Comidas e bebidas eram por conta da casa. Em média, cada evento oscilava ente R$ 50 mil e R$ 70 mil, despesa referente apenas aos serviços sexuais. Isso daria, naquele ano, para encher o tanque de gasolina de pelo menos 400 carros de tamanho médio.

Jeany orientava sua equipe a trabalhar com empenho para superar a expectativa dos clientes. O padrão de seus serviços era inquestionável. Ela pedia que as meninas evitassem álcool e cigarro. Seu poder residia no prestígio do público-alvo. Isso lhe blindava contra calotes ou algo do gênero, não tão incomuns assim neste tipo de ofício. Ao contrário. E, como dona de segredos de alcova, também mantinha figurões dos três poderes sempre com a pulga atrás da orelha. No mercado de reputações, sua agenda não tinha preço.

Em entrevista ao "Jornal Nacional", da TV Globo, em 17 de agosto de 2005, questionada se seu caderno manuscrito tirava o sono de gente graúda de Brasília, Jeany fez suspense:

– É o que dizem, né?

Ela também esteve no programa "RedeTV news", de Amaury Júnior, em 30 de agosto de 2005, quando exibiu a capa de sua agenda e comentou:

– Existe uma só de trabalho, mas não é nada assustador. Ninguém precisa se preocupar com essa agenda, Amaury!

Numa reportagem de Mônica Bergamo, publicada pela "Folha de S.Paulo" em 11 de setembro do mesmo ano, há um trecho que ilustra o poder de fogo da cafetina: "Caso abrisse a boca, Jeany não conseguiria derrubar o governo. Mas, diz um amigo seu, certamente causaria uns cem divórcios".

* * *

Antonio Palocci não resistiu ao coquetel de confusões que transbordou da mansão do Lago Sul para o noticiário. Afinal, o ministro era o principal personagem da explosiva mistura de orgias e negócios escusos. A seu favor, em todo esse enredo, os muitos elogios a sua disposição e performance na mansão do Lago Sul, sussurrados na chamada alta prostituição de Brasília. Ele foi substituído por Guido Mantega, que, até prova em contrário, era avesso a eventos desta natureza.

Mas o desfecho da queda de Palocci foi apenas mais um capítulo na série de episódios de sexo e poder ambientados no afrodisíaco cenário de Brasília. Ainda durante sua construção, nos anos 50 – e, portanto, antes da inauguração em 1960 –, a futura capital do país testemunharia a aproximação entre prostitutas e figuras importantes que desembarcavam no cerrado. Com o passar dos anos, a intimidade entre políticos e acompanhantes de luxo cresceu na mesma intensidade dos negócios milionários e nada republicanos da cidade.

A fartura de dinheiro atraiu garotas de programa de todo o Brasil para lá, como peças descartáveis no jogo paralelo do poder. Para quem resiste às tentações mundanas da capital federal e consegue olhar o ambiente com distanciamento, há uma clara constatação: elas são as únicas personagens autênticas – e, por que não, ingênuas – da orgia descarada praticada com dinheiro público.

CAPÍTULO 2
A sedução da capital

No saguão de um dos hotéis mais sofisticados de Brasília, uma respiração tensa impregnava o ambiente de um aroma forte e um tanto desagradável da fumaça de um daqueles cigarros baratos, denunciando um antigo vício que já poderia ter sido substituído por hábitos mais saudáveis. A figura inalava ansiedade e parecia temer olhares atentos. Mesmo em busca de discrição, não conseguia se esquivar de uma pequena névoa que se formava à sua volta com as repetidas baforadas.

O encontro programado estava atrasado e ainda havia outros compromissos na agenda. Seria algo rápido, direto ao ponto, como gostava de dizer. Sem bebida ou conversa; nada que fugisse ao acordo prévio, sem extravagâncias nem surpresas.

Enquanto aguardava, evitava olhar para os recepcionistas do hotel. De personalidade obscura, escorava-se num passado de atitudes desmedidas, com festinhas particulares e noites maldormidas. Parecia gostar do ofício. Em geral, não se intimidava com picuinhas. Desfilava ao lado dos nomes mais poderosos da sociedade. Acima de tudo, exigia respeito. A vida lhe dera essa oportunidade, da qual não abria mão. Ao contrário, parecia em constante aprimoramento do que mais sabia fazer: usufruir do dinheiro público.

Ele mesmo, o deputado federal eleito com número razoável de votos em São Paulo, fazia-se assim presente no hotel, irrequieto, usando freneticamente o teclado de seu celular com os dedos manchados de nicotina. Algum tipo de transação? Com quem? Um comparsa? Um lobista? Certo mesmo é que naquela noite ele se regozijaria ao lado de uma de suas amantes favoritas: Danzy, ou simplesmente Morena, como a chamava. Uma jovem de 22 anos, cabelo comprido, feições suaves e um ar ingênuo.

O ano era 2013. O deputado, não muito conhecido, embora viesse de um dos principais centros do poder, destacava-se pelo pescoço envolto numa papada volumosa. Arrogante por natureza, dizia-se íntimo de uma turma de notáveis e ostentava fotos em comícios ao lado de Aécio Neves, entre outros figurões da política. Naquela quinta-feira de setembro, como de costume, ele reservara alguns momentos do fim da tarde para orgias financiadas pelo saldo de sua atuação paralela no Congresso Nacional.

Danzy chegou a tempo de vê-lo ao lado de um homem alto, vestido de maneira formal, mas sem terno. Essa foi a única vez que presenciou o deputado tratando de negócios, embora não saiba dizer, de fato, de que natureza. Pouco depois, os dois ocupariam a suíte presidencial do mesmo hotel em que se encontraram meses antes, na Asa Norte, quando Danzy dava início à sua carreira.

A garota, aos 17 anos, ainda morava em Cachoeiro de Itapemirim, no Espírito Santo, até reencontrar uma amiga um pouco mais velha que estudava na Universidade de Brasília (UnB). Depois de ouvir seus relatos empolgados sobre a vida na capital do país, Danzy convenceu a família a lhe dar apoio para que começasse uma nova etapa no Planalto Central. A mudança foi rápida.

Antes mesmo de se matricular no curso de direito da UnB, Danzy passou a circular com a amiga pelo Congresso. Admirava-a pela versatilidade no trabalho ao qual se dedicava de terça a quinta-feira, sem, no entanto, disfarçar certa estranheza pela tarefa executada: recolher assinaturas de homens importantes para votação de projetos.

Teve a sorte de conhecer seu "padrinho" no dia em que visitou o parlamento pela primeira vez. Numa abordagem peculiar, já no fim da tarde, o deputado perguntou se ela precisaria de carona na volta para casa. Essa era a senha, Danzy já sabia, para quem buscava horas extras bem remuneradas.

Fiel ao roteiro repassado pela amiga, Danzy respondeu que precisava saber se o namorado estava a caminho. No fundo, fazia um jogo, ciente de que isso estimulava o instinto competitivo dos homens: o pretendente seria desafiado a exibir mais poder do que o suposto concorrente. Ela fingiu telefonar e, alguns minutos depois, aceitou a carona. Nada de carro oficial. O deputado chamou um táxi e dali, do Anexo IV da Câmara Federal, seguiriam para o Piantella, um dos restaurantes mais chiques de Brasília.

Em poucos dias, Danzy recebia do cliente VIP uma coleção de perfumes importados. Pouco tempo depois, mudou-se definitivamente do Espírito Santo para o Distrito Federal, onde ficou hospedada por meses entre hotéis de luxo e um outro mediano. Havia um sistema de revezamento, uma estratégia para evitar o risco de publicidade. As diárias, claro, eram cobertas pelo amante parlamentar. Em valores de 2022, as despesas mensais chegavam a R$ 45 mil. Ela ainda recebia um pró-labore a cada 30 dias.

Danzy temia a exposição. De antemão, sabia que não precisava se preocupar com a imprensa. Diferentemente do que ocorre em outros países, a mídia brasileira, em geral, ignora a vida amorosa dos políticos, limitando-se a cobrir o que eles fazem em pé – e que, a bem da verdade, não é pouca coisa. Vale mais o flagrante de um deles recebendo algum pacote ou maleta abarrotada de dinheiro do que qualquer outra notícia sob lençóis.

Como a sorte bateu em sua porta tão logo chegou a Brasília, Danzy nem sequer conheceu os responsáveis pelo agenciamento, no Congresso, das meninas de crachá. Nunca precisou de pranchetas para coletar assinaturas. Livrou-se assim de um terreno marcado pela hostilidade entre as mulheres que exercem essa função – as que passam o dia ali cumprindo o protocolo oficial da Câmara e do Senado se indispõem com as garotas de programa, a quem acusam de manchar a imagem do trabalho.

Danzy estava longe de ser a única a viver essa experiência. Sua história é semelhante à de tantas outras acompanhantes de luxo na capital federal. Quase todas têm políticos em suas listas de clientes. Eles pagam bem. Aliás, pagam muito bem. Têm prazer em esbanjar, até porque, diz o ditado, o dinheiro que entra fácil sai fácil. É também uma maneira de exibir poder e virilidade.

Assim, a diversão é completa e, em alguns casos, além dos limites. Há relatos sobre um ex-senador que gostava de atacar suas convidadas exatamente quando sobrevoava Brasília em seu jatinho particular. Um fetiche imerso em deboche. Outras histórias dão conta de deputados que bancavam as prostitutas em viagens e hospedagem nos mais caros hotéis da Europa e dos Estados Unidos, evidentemente com o dinheiro que jorrava aos borbotões de negócios com o Estado. "Fiquei passada quando mexi no closet do dono da casa de Miami *(amigo milionário do deputado que a levou aos Estados Unidos)*. Achei uma gaveta cheia de relógios. Abri outra e contei US$ 15 mil cash. Era a grana para o fim de semana", contou uma acompanhante brasiliense à "Folha de S.Paulo", em reportagem publicada em 10 de fevereiro de 2015.

Ex-atendente de uma butique de grife, essa mulher lidava com socialites, apreciava o estilo das clientes e começou a imitá-las. Primeiro, envolveu-se com um empresário e passou a frequentar rodas de poderosos nos anos 90, em reuniões na Academia de Tênis de Brasília – à época, uma das estruturas hoteleiras e esportivas mais requintadas da capital. Morou num chalé vizinho ao da então ministra da Economia Zélia Cardoso de Mello, de quem confiscou alguns cafés. Anos mais tarde, não pôde seguir o romance com aquele homem casado e pai de filhos da mesma idade dela. Mas saiu da relação sem reclamar. Como gratidão, ganhou um apartamento avaliado à época em US$ 1 milhão.

Com um imóvel confortável e alguns outros mimos, decidiu conjugar sua atividade com a da maior parte dos congressistas. Esteve, por exemplo, numa festa de aniversário em 2014, em outra capital, organizada pela "amante de um parlamentar importante", ao lado de outras 30 meninas. O político convidou dez amigos para a farra.

O sonho dessa ex-funcionária de butique era ser modelo ou ter uma vida financeira confortável com um trabalho "com crachá" no Congresso, o que lhe asseguraria salário, gratificações, plano de saúde, acesso a crédito subsidiado e aposentadoria em paridade com os servidores da ativa. De tão determinada, alcançou seu objetivo. Seu padrinho nessa empreitada foi um já falecido senador alagoano – Alagoas está em todas! –, a quem retribuía com a exclusividade de seus serviços.

Já a morena Danzy se aposentou. Após cinco anos em Brasília, trancou a faculdade e desistiu dos programas, embora ainda mantenha um ou outro encontro. Nesse período, namorou figurões e teve casos rápidos. Ainda que se mostre deslumbrada com a vida na capital, não faz mais o sucesso de antes. O que lhe resta? Por enquanto, não precisou se mudar para Ceilândia, nem conheceu a comunidade mais pobre dessa cidade-satélite, Sol Nascente, destino de muitas meninas, mesmo as que um dia foram bem-sucedidas.

Sol Nascente assombra muita gente. De fato, deixar a região com um dos maiores PIBs do Brasil para residir naquela que se projeta como a maior favela do país, a 30 quilômetros do Centro de Brasília, é o chamado fantasma do dia seguinte. Muitas dessas garotas acabam trilhando caminho semelhante: ganham espaço nas agências VIPs, em listas de boates, em anúncios de internet, até parar na altura das quadras 204/205 da Asa Norte ou em Taguatinga, onde o programa pode sair por R$ 50, num cenário associado a tráfico, violência e abuso.

– Parece inacreditável que alguém que comece a "carreira" cobrando até R$ 10 mil por programa possa ir parar na rua e se vender por quase nada. Mas já vi muitas histórias como essa. A decadência é o destino. A idade chega – conta Eleonora, uma senhora de pouco mais de 70 anos, moradora de Sol Nascente, e até os anos 2010 dona de um salão de cabeleireiros onde todos a chamavam de Madame: – Eu fui dama em um tempo de glamour que já não existe. Quando os homens eram de verdade. Não havia esses parvos que estão aí no poder. Foi uma época em que era preciso ter competência para subir na vida.

CAPÍTULO 3
Amores mercenários

"O primeiro erro da vida pública é entrar nela". O comentário de outro parlamentar, um cliente generoso, soou como uma confissão para Danzy, ainda sob o impacto da oferta de R$ 10 mil apenas para lhe fazer companhia. No quarto de um hotel da Asa Sul de Brasília, o homem se manteve vestido, sentou-se numa cadeira, ao lado da cama, e a única coisa que fez a noite toda foi desabafar. Queria apenas alguém que o ouvisse. Fez um longo histórico da relação difícil com a esposa, embora declarasse seu amor pela mãe de seus filhos, e reclamou dos colegas de plenário. Parecia dono de convicções religiosas, com muita culpa e pouca esperança de mudança.

Danzy entrou no jogo e, atenciosa, passou a dar conselhos. Após muitas lamúrias, aquele senhor grisalho e depressivo se declarou arrependido de ter deixado para trás a vida de empresário em ascensão no Rio de Janeiro a fim de conspirar em Brasília. O encontro combinado levaria uma hora. Mas a conversa se alongou por quase toda a madrugada – o que justificou o pagamento robusto.

Não faltam relatos sobre políticos defensores da moral e dos bons costumes que procuram os serviços das meninas em Brasília. Em 21 de abril de 2016, a "Folha de S.Paulo" trouxe o perfil de alguns dos que votaram pelo "sim" no pedido de impeachment de Dilma Rousseff, enaltecendo os valores da sagrada família em seus rápidos e inflamados sermões no plenário. Para mostrar a incoerência entre discurso e prática de quatro desses deputados, o jornal entrevistou uma garota de programa de 36 anos, loura, "estilo mignon e cabelos longos", dona de uma lista VIP de clientes. Ela mostrou à colunista Eliane Trindade, sob sigilo, conversas de WhatsApp nas quais ficava evidente a relação com aqueles homens que votaram pelo afastamento de Dilma – dois políticos do PP, um do PMDB e outro do PR.

Um deles, do Rio, dedicou o "sim" à família e à cidade de sua base eleitoral. Esse deputado conheceu a acompanhante de luxo numa festa de aniversário de outro parlamentar; ela era uma das 20 contratadas para entreter os amigos do anfitrião. O cenário foi a suíte presidencial de um hotel cinco estrelas de Brasília. Outro nome da lista da moça, da bancada paulista, embalou seu voto no dia 17 de abril em amor pelo Brasil e dedicou-o à filha.

A reportagem registrou ainda o movimento reduzido em bares e boates mais apimentados de Brasília na semana do impeachment. Isso porque muitos parlamentares levaram as famílias para acompanhar a histórica votação. Passada a euforia de boa parte dos 367 deputados que optaram pelo "sim", tudo voltou ao normal no Distrito Federal, incluindo a retomada de festas famosas num barco de um senador do Centro-Oeste, o *love boat*, memorável pelas animadas baladas no Lago Paranoá.

De uns tempos para cá, foi firmado um acordo tácito entre os que participam dessas orgias: o celular fica guardado numa gaveta, devidamente desligado. Tudo em nome da discrição. Imagens e áudios são devastadores. Entre as autoridades que contratam acompanhantes de luxo de Brasília, incluem-se, além de senadores e deputados federais, estaduais e distritais, vários prefeitos, juízes, desembargadores, ministros e governadores. O hábito também já mobilizou presidentes da República. Segundo um deputado, esses programas em que se compram sexo e silêncio são muito mais seguros do que a figura da amante, "fonte mais provável de problemas".

* * *

Em 1996, a edição de 7 de janeiro do jornal "O Globo" dava voz a Maria de Lourdes Medeiros, garota de programa desde 1983. Entre uma e outra peripécia, ela contou que atendia a um rol de clientes classe A: cerca de 30 deputados – quase uma bancada –, ex-ministros e até um ex-presidente, com quem saiu antes de ele assumir o cargo. O repórter Hugo Marques quis saber de quem se tratava, mas Maria de Lourdes não revelou. Deu apenas uma dica: "Ele tinha um estilo garotão, era lindo e carinhoso, mas sumiu ao virar presidente".

Uma das mais antigas atividades, a prostituição sempre esteve diretamente ligada à expansão das cidades. Quanto maior o centro financeiro ou turístico, mais luxuosos são os bordéis. Reza a lenda que numa localidade submersa no Lago Paranoá, conhecida como Vila

Amaury, onde no fim dos anos 50 viveram 15 mil pessoas, a maioria operários e suas famílias, havia muito mais do que barracos e bares. Ali funcionou a primeira casa de tolerância da capital, com quartos simples, erguida clandestinamente para o lazer dos construtores de Brasília.

A capital já se projetava como berço de intensa voluptuosidade política muito antes de escândalos dos Anões do Orçamento nos anos 80 e 90, das festas organizadas por Jeany Mary Corner e da Marcha dos Prefeitos, evento anual que aquece o mercado da prostituição de luxo no Distrito Federal desde 1998.

No início dos anos 70, a jovem Eleonora se mudou para o Distrito Federal atraída pelas demandas decorrentes de um período de muitas transformações. Até então as moças que ocupavam os bordéis tinham sensualidade peculiar, curvas sinuosas e origem humilde. Com a nova capital já estabelecida havia pelo menos uma década, abriu-se espaço para quem transitasse em ambientes mais sofisticados, soubesse se manter recatada e ter aptidão para sorrir e conversar em tempo integral. Eleonora fazia bem esse papel.

Ela se tornaria uma das primeiras de uma turma de jovens a usar calças compridas e cabelo mais curto, diferente dos exageros tão comuns à época e característicos de colegas de atividade. Nada de excesso na maquiagem e saltos desmedidamente altos. Eleonora fugia do estereótipo da prostituta; vivia em consonância com a mudança dos tempos. De longe ou mesmo de perto, nada indicava em sua aparência tratar-se de uma garota de programa.

Se nos anos 60 a música preferida dos políticos em Brasília era o forró ou os ritmos do Nordeste, a partir dos 70 os homens procuravam companhia para ir ao Setor Hoteleiro Sul ouvir jazz e frequentar os clubes e shows de Angela Maria e Cauby Peixoto, que costumavam se apresentar em temporadas na capital do país.

– As mulheres tinham que ser disponíveis, submissas, mas, em um dado momento, os homens se mostraram mais carentes e frágeis. Eles ainda se casavam com esposas dependentes, que ficavam caladas para servi-los. Por isso, admiravam as mocinhas mais falantes, que ouviam suas histórias e davam opiniões – resume Eleonora.

Ela se tornou prostituta ainda na adolescência, ao deixar a Zona Oeste do Rio para trabalhar como empregada doméstica em Copacabana, na Zona Sul. Depois de um tempo na casa de uma família rica que lhe dava apenas uma refeição por dia e pouco dinheiro – quase tudo era enviado aos parentes –, Eleonora recebeu proposta para ser copeira num escritório de advocacia no Centro.

Sem nenhuma formação, começou a servir cafezinho e a manejar bandejas. Fez amizades, passou a frequentar bares no fim do expediente e foi parar em uma casa de tolerância no bairro Cidade Nova. Lá, conheceu uma senhora que arregimentava moças para trabalhar na capital federal com a justificativa de que as cariocas eram as mais disputadas:

– Eu não sabia nada sobre Brasília. Lembro um pouco de meu pai falar bem de Getúlio Vargas, do pai dos pobres. Mas nada além disso. No meu tempo, mulheres não falavam de política.

A primeira deputada federal eleita no Brasil, Carlota Pereira de Queirós, chegou ao cargo em 1933. Dois anos depois, as mulheres com atividades remuneradas ganhavam o direito de votar sem a autorização dos maridos. A equidade com os homens só se deu em 1965. Mesmo assim, Eleonora não se motivou a participar das mudanças pelas quais o país passava. Não lembra, por exemplo, de ter votado antes dos 30 anos:

– Eu comecei a entender de política conhecendo os próprios políticos e ouvindo mulheres mais experientes. Lá atrás, quem entrava nessa atividade era orientada por uma prostituta mais velha. E foi aí que eu descobri que Getúlio Vargas tinha sido um tremendo mulherengo. As pessoas ainda falavam muito dele, principalmente durante as campanhas. Mas ninguém se referia aos casos de Getúlio, apenas comentavam sua trajetória como presidente.

A chegada de Getúlio à presidência, em 1930, foi marcada por um escândalo sexual: o assassinato de João Pessoa, governador da Paraíba. Ele foi morto a tiros pelo advogado e jornalista João Dantas, seu desafeto, numa confeitaria do Recife. O autor do crime atribuía a João Pessoa a responsabilidade pela publicação, em jornais locais, de cartas amorosas, recheadas de detalhes íntimos, que Dantas escrevera a uma amante. Preso, ele acabaria degolado na cadeia.

Ainda naquele ano, Getúlio começou a escrever um diário sem interrupção até 1942. Revelado apenas em 1995 e publicado pela Fundação Getúlio Vargas em dois volumes, totalizando 1.300 páginas, registra momentos históricos e insólitos do presidente. O defensor dos trabalhadores tinha mesmo um perfil mulherengo e despertava ciúme na mulher, Darcy Vargas. Casados há 19 anos, os dois haviam deixado de lado os aconchegos calorosos. Interagiam mais em partidas de pingue-pongue e jogos de dominó.

A lista de mulheres que teriam sido amantes de Getúlio é extensa e inclui, entre outras, a atriz do teatro de revista Virgínia Lane, as cantoras Linda Batista e Angela Maria, e a poetisa Adalgisa Nery. Mas o caso mais arrebatador e que pôs em risco o seu casamento foi com Aimée Sotto Mayor Sá, esposa de Luís Simões Lopes, chefe do Gabinete Civil da Presidência. Morena de olhos verdes, alta e sedutora, ela balançou o coração do chefe da nação. Os romances extraconjugais de Getúlio "ficaram famosos e eram constantes motivos de brigas com a mulher", relata o livro "Todas as mulheres dos presidentes" (Editora Máquina de Livros, 2019), dos jornalistas Murilo Fiuza de Melo e Ciça Guedes.

A fama de galanteador de Getúlio gerava reclamações da primeira-dama. Diante de indiretas da esposa, ele tinha uma resposta na ponta da língua: "Pode falar o que quiser, mas não conheço nenhum marido que jogue dominó e pingue-pongue com sua mulher". Para se vingar, restava à dona Darcy rebater a bolinha com um pouco mais de força, ou então lançá-la nas laterais extremas da mesa, levando o baixinho Getúlio a dançar de um lado para o outro. Diante dessa estratégia, o presidente largava a raquete e encerrava as partidas de pingue-pongue: "Estás muito arisca para o meu gosto. Vamos parar!".

De fato, nas horas vagas, eis aí a origem do ciúme, Getúlio dava umas escapadas com o amigo e confidente Iedo Fiúza, que viria a ser por duas vezes prefeito de Petrópolis, na região serrana do Rio – de 1930 a 1934 e de 1936 a 1938 –, onde o mundo político se refugiava no verão, desde o Império, para se livrar do calorão carioca. Não havia ainda o ar-condicionado e os ventiladores ajudavam, mas não davam conta da fornalha em que se transformava o Rio de novembro a abril.

Em seu diário, todo redigido à mão, Getúlio narra as façanhas extraconjugais nos primeiros 12 anos de governo. Ele conta que saía de vez em quando com Fiúza mais à noitinha, ou mesmo no meio da tarde, a pretexto de inspecionar obras rodoviárias. Enquanto isso, em casa, dona Darcy, já com as peças do dominó distribuídas no tabuleiro, ficava indignada com a quantidade de inspeções nas rodovias da região. Haja estrada! E quando cruzava com Fiúza, fuzilava-o com o olhar.

O parceiro de Getúlio conhecia os endereços mais indicados ao conforto mental e físico do presidente: *garçonnières* em locais discretos. Nos dias mais turbulentos, ocupado com ameaças de crises, oscilações do preço do café e entrevistas polêmicas de seus opositores, Getúlio sabia que seu anjo da guarda estaria a postos. Eram amigos de longa data. Conheceram-se em Porto Alegre e o espírito boêmio de Fiúza os aproximou.

Apesar de contrariada, dona Darcy não falava abertamente com o marido sobre as escapadas. Ficava reflexiva e contida em suas orações. Getúlio, enquanto isso, registrava em seu diário secreto os momentos de infidelidade, aos quais se referia como "amores mercenários". Para aplacar o descontentamento da esposa, ele convidou o cunhado Válder Sarmanho, irmão de dona Darcy e oficial do gabinete da Presidência, a também fazer parte dos passeios com Fiúza. Um gesto simbólico para estancar as suspeitas.

O pitoresco nessa trajetória nem tão oculta de Getúlio é que seus primeiros anos como presidente foram marcados por fortes ataques à imoralidade. As autoridades policiais, antes facilmente subornáveis por cafetões e prostitutas, passaram a agir com violência contra o comércio do sexo. Nos anos 30, somente no Rio e em São Paulo, a polícia fechou centenas de prostíbulos, muitos deles com truculência. Getúlio assistia a tudo de camarote, com a anuência de Iedo Fiúza.

As puladas de cerca, porém, escassearam depois de um episódio envolvendo o ministro da Guerra, general João Gomes. Espionado por homens de confiança do chefe de polícia de Getúlio, por suposto flerte com o comunismo, o general foi flagrado em situações comprometedoras. Nada de política. Gomes estaria se envolvendo "com um grupo de raparigas casadas e bonitas, mulheres de oficiais".

Ao ouvir isso, Getúlio ficou pálido e pensou na possibilidade de suas aventuras também estarem sendo espionadas. Precisava evitar a exposição. Temia ser vítima de chantagem. As acusações contra o ministro pesaram. Pouco depois, Gomes foi substituído por outro general, Eurico Gaspar Dutra, contra o qual não havia nada que o desabonasse nesse terreno, até porque era vigiado o tempo todo pela esposa, Carmela, mais conhecida como Dona Santinha, católica fervorosa, guardiã da moral e dos chamados bons costumes.

Já nos anos 50, outro ministro de seu segundo governo (1951-1954) também se viu em apuros por motivo semelhante ao que resultara no afastamento do general Gomes. O imbróglio se deu numa tarde de janeiro de 1952, num famoso bordel do Rio, a Casa Rosa, no bairro das Laranjeiras – e este fato não está mencionado nos diários de Getúlio.

Com horário agendado, e a privacidade exigida de antemão, o ministro reservou o lugar por duas horas para desfrutar da companhia de uma das meninas de lá. Um descuido da recepção, porém, provocou corre-corre e muita tensão. O ministro já vestia o terno, preparando-se para sair, quando sua acompanhante contou que jogadores do Fluminense adentravam o salão central da Casa Rosa. Tinham ido festejar a conquista do Campeonato Carioca de 1951, decidida em duas partidas contra o Bangu, nos dias 13 e 20 de janeiro de 1952, e um dos funcionários esquecera de trancar a porta principal.

O homem de confiança de Getúlio foi tomado pelo pânico. Tinha uma reunião com o presidente logo em seguida, no Palácio do Catete. Com as mãos trêmulas, protestou, já que a direção da Casa Rosa se comprometera a impedir o acesso de qualquer pessoa durante sua permanência. Pagara inclusive mais caro para garantir exclusividade.

– Quer ter a condescendência de esclarecer-me a respeito?

— Eu não sei o que houve, senhor. As outras meninas estão tentando ajudar.

— Façam alguma coisa já, tranquem-nos num banheiro, se for o caso!

— São mais de 15, senhor.

— Não me interessa! Mande-os de volta à cancha ou para o quinto dos infernos!

Um grande alvoroço tomou conta da Casa Rosa. Nada que sugerisse a extensão da festa dos tricolores. Ao contrário. Há pelo menos duas versões sobre o que se seguiu. A primeira diz que o ministro teria emprestado sua pistola Colt 45 para que o cozinheiro do bordel disparasse tiros na esquina, a fim de desviar a atenção e facilitar sua saída. A outra teria sido uma solução mais caseira: funcionários alertaram o time campeão, do qual faziam parte Castilho, Píndaro, Pinheiro, Didi, Orlando Pingo de Ouro e Joel, de que aparecera uma cobra debaixo da cama de um dos quartos, o que exigiria a interdição temporária do estabelecimento até que o bicho fosse capturado.

Fato é que o ministro conseguiu escapar sem nenhum dano. Não se sabe, porém, se tinha intimidade suficiente para contar ao presidente da República o sufoco pelo qual passara.

* * *

Nas primeiras décadas do século passado, os bordéis no país cresciam no ritmo da economia e ofereciam música e salão de jogos. Eram ambientes de convivência, onde os clientes se encontravam também para beber, discutir política e falar de futebol. É dessa época uma lembrança do ator Ary Fontoura revelada no "Programa do Jô", da Rede Globo, em 24 de março de 2011. Cantor de boates e restaurantes nos anos 40, ele foi convidado a se apresentar num famoso bordel de Curitiba, a Casa de Otília. Recebeu, então, o pedido de uma música em homenagem a Getúlio Vargas. Ao saber que o presidente ocupava uma das mesas do salão, Fontoura quase perdeu a voz. "O doutor Getúlio estava lá no bordel. Aproveitou que andava pelo Sul e foi com a comitiva visitar a Otília. Essa senhora era conhecidíssima do doutor Getúlio. Tinha o retrato do velho pendurado em tudo quanto é lugar. Na Casa de Otília, iam todas as autoridades: governador, deputado, senador... era uma zona", lembrou.

Mesmo com a presença frequente de figurões, a Casa de Otília não perdia a modéstia. Com lampiões coloridos na entrada, o casarão tinha uma mobília antiga na sala da frente e longos corredores por onde circulavam as meninas. As melhores suítes acolhiam os mais poderosos ou quem pudesse pagá-las. À clientela menos privilegiada ficavam reservados quartos improvisados no quintal, onde a boemia corria madrugada adentro.

Ou seja, era um espaço de prazer democrático, que recebia, indistintamente, o rico e o pobre, o figurão e o anônimo. Na Casa de Otília, não havia fiado, mas também não se perdia negócio. No fim da noite, com a redução no movimento, o preço do serviço caía. Era uma perfeita aula de liberalismo econômico – muito antes da famosa Escola de Chicago, defensora do não intervencionismo estatal, dar as cartas no mundo capitalista –, com a lei da procura e da oferta regulando os valores dos serviços ali oferecidos.

CAPÍTULO 4
O bordel dos presidentes

Getúlio Vargas, tomado pelo sentimento afrodisíaco do poder, também esteve próximo daquela que se tornaria uma das cafetinas mais importantes e influentes do país, Eny Cezarino. Em 1941, antes de se tornar proprietária da Casa de Eny, em Bauru, São Paulo, quando ainda trabalhava num bordel na capital paulista, ela se viu frente a frente com o presidente da República. Em visita à cidade, Getúlio foi homenageado pela alta sociedade paulista com um jantar de gala, no Palácio dos Campos Elíseos.

Eny e mais quatro prostitutas estavam na lista das cem pessoas que participariam do banquete – os convites foram feitos por assessores do presidente, frequentadores do bordel. Com uma saia longa de seda preta, camisa branca, também de seda, mangas compridas e um colete de veludo negro enfeitado com miçangas, Eny, uma das mais belas mulheres presentes ao evento, esperou o presidente se aproximar e disse com um ar de sedução:

– Vossa Excelência é bem mais jovem do que mostram os retratos dos jornais.

Com um sorriso rejuvenescedor, Getúlio se sentiu à vontade para elogiar a beleza da convidada e das outras quatro moças, gesto considerado como um apoio discreto para que Eny se tornasse uma das mais bem-sucedidas cafetinas brasileiras e escrevesse um capítulo importante da história dos bordéis no país.

Na virada dos anos 40 para os 50, a ousada e ambiciosa Eny Cezarino já dirigia a sua própria casa em Bauru. Atraía gente influente de todo o Brasil em sua mansão de 40 quartos com camas redondas, poltronas estilo Luís XV, restaurante, piscina em forma de violão e um jardim luxuoso, cenário de festas com música e dança.

Não demorou para Eny se tornar uma importante cabo eleitoral do estado de São Paulo. Angariava a simpatia de empresários, oficiais das Forças Armadas, coronéis da Polícia Militar, vereadores e deputados. Ela se orgulhava de ter sido criada por uma família de imigrantes italianos, que, no entanto, ansiava por vê-la casada e cuidando do lar.

Mas sua busca por independência falou mais alto. Ainda adolescente, fugiu de casa e foi tentar a vida na zona boêmia de São Paulo. Seu sucesso era fruto da própria luta. Com esse discurso, percorria concursos de beleza, de olho, principalmente, nas meninas vencedoras. As jovens que trabalhavam em sua casa tinham que ir ao cinema para observar a performance das grandes atrizes e assim aprender a se comportar como estrelas.

Eny imprimiu um forte estilo empreendedor. Era reconhecida como uma mulher com faro para os negócios: entendia, como poucas do ramo, as necessidades de seus clientes. Repetia, por exemplo, que as mulheres deveriam ser sempre fortes e orientava suas meninas:

– Homens são frágeis, ponham isso na cabeça!

– Mas quando eles querem bater na gente, o que se faz, dona Eny?

– Não deixe a situação chegar a esse ponto. Aqui na minha casa só recebemos clientes educados. Se algum dia um deles sair da linha, é só me chamar.

Sua fama e prestígio impediam encrencas. O bom nível da frequência ajudava, claro. Numa noite de muito movimento em outubro de 1951, num dos ambientes do bordel, um delegado gritou com a jovem que lhe fazia companhia. Parecia ameaçá-la de agressão. Os demais clientes se incomodaram e seu vizinho de quarto perdeu a concentração. Mandou que uma das meninas batesse na porta e chamasse o tumultuador.

– Com licença, tem uma pessoa que quer falar com o senhor aqui do lado.

– Quem quer falar comigo??? – a pergunta veio num tom áspero.

– O senhor vai lá ver – respondeu a jovem, com candura tão provocante quanto enigmática.

O delegado, tomado de susto ao constatar que o vizinho era um governador de estado, perdeu a fala e o apetite sexual. A presença de tal autoridade em suas dependências sinalizava o prestígio da Casa de Eny. Mas havia gente mais importante ainda na escala política que passaria por lá nos anos seguintes, em busca de conforto, prazer e votos.

Por trás do sucesso da cafetina de Bauru, um nome de peso na política local se destacava. Nicola Avalone Júnior, conhecido como Nicolinha, colecionou cargos de vereador, deputado estadual e prefeito da cidade, distante 350 quilômetros da capital. Em função de seus muitos contatos e das ambições na carreira, Nicolinha atraía celebridades e personalidades de expressão nacional a Bauru e os levava à Casa de Eny, uma referência tão forte na região quanto o sanduíche famoso que leva o nome da cidade.

Amigo da cafetina desde a inauguração do bordel, no fim dos anos 40, Nicolinha tinha atributos que o alçavam a um posto simbólico de presidente de honra da casa. Por sua influência, a polícia fazia vista grossa à atividade. Eny se tornara também sua principal garota-propaganda. Em 1954, durante a campanha, cartazes com o slogan "Em Bauru só tem um jeito, é votar em Nicolinha para prefeito" estampavam as paredes do bordel, quase um comitê do candidato.

Ela o ajudava também em outras frentes: encomendou cem bolas de futebol com o nome de Nicolinha e as distribuiu aos meninos da periferia. No bordel, além de cabalar os votos dos clientes, Eny reunia as meninas e dizia abertamente que só a vitória de Nicolinha garantiria a tranquilidade, a prosperidade e a segurança daquele templo:

– O voto é livre, mas espero que vocês votem com responsabilidade.

Muito antes de ser eleito deputado, Nicolinha já era adulado por políticos importantes e com planos ambiciosos, por sua força e prestígio em Bauru. Isso facilitou a aproximação de Juscelino Kubitschek e de João Goulart, dois dos mais assanhados presidentes da história recente do país. Eny e sua casa acabavam sendo parada obrigatória nos encontros na cidade.

Durante muitos anos, bordel no Brasil tinha uma conotação mais leve, menos estigmatizada. Visitá-los era quase uma obrigação masculina. Em seus salões confortáveis, serviam-se bebidas e ouvia-se música, sem necessariamente incluir um programa com uma prostituta. Seus frequentadores podiam desfrutar do ambiente apenas para reuniões de negócios.

Mas aconteciam também encontros históricos. No início da madrugada de 19 de setembro de 1955, a Casa de Eny recebeu a visita de João Goulart, Ivete Vargas – cujo avô materno era irmão de Getúlio –, Nicolinha e um amigo do então deputado, Rodrigo Borjas Filho. Claro, as meninas mais bonitas estavam à disposição. Os convidados vinham de um comício.

Eny chamou as moças mais refinadas e ordenou que se apresentassem a Goulart, então candidato a vice-presidente. A cada inspeção, os olhos do político lembravam uma bússola de ponteiro desorientado.

– A senhora precisa abrir uma filial desta pensão lá nos pampas – disse Jango, segurando um copo de uísque.

Minutos depois, ele se trancou num quarto com Ana Maria, a grande beldade da casa naqueles tempos, que deixaria saudades e muitas lembranças. Enquanto isso, a anfitriã e Nicolinha faziam sala para Ivete Vargas, que aproveitou a escapulida de Goulart para um discurso no qual enfatizava a importância do papel social da prostituta. Menos de 40 minutos depois, o futuro presidente estava de volta e bradou:

— Eu estaria faltando com um dever de consciência se não lhe dissesse, senhora Eny, que saio daqui hoje reconfortado e retemperado para a luta pelas grandes causas nacionais.

Eny agradeceu a lisonja com um sorriso tímido e acompanhou os visitantes à porta. Vários registros de visitas como essas são relatados no livro "Eny e o grande bordel brasileiro", de Lucius de Mello (Editora Objetiva, 2002). Outros estão dispersos na memória de quem fazia dali a extensão do próprio lar. Artistas de renome também frequentavam o lugar, como Vinicius de Moraes. De vez em quando, telefonava de madrugada para o parceiro Toquinho, do bordel, cantando trechos de canções que compuseram juntos. Já sob efeito de generosas doses de uísque, inebriado pela atenção que lhe era dispensada, ele certa vez pediu a Toquinho que se debandasse também para Bauru.

— Venha, falei sobre você com a Eny e as meninas. Elas querem ver a "Tonga da Mironga do Kabuletê".

— Estou longe, Vininha, não vai dar — respondeu Toquinho.

— Então chame o Tonzinho.

Embora fosse celebrada por dezenas de autoridades, Eny nunca se esqueceu do encontro com Getúlio Vargas e mantinha certa reverência por ele, mesmo algumas décadas após sua morte — o presidente cometeu suicídio com um tiro de revólver na manhã do dia 24 de agosto de 1954, no Palácio do Catete. Naquele dia, ao saber da tragédia pela rádio de Bauru, Eny revirou seu guarda-roupa e, em estado de choque, curvou-se diante da última gaveta. Deitou-se abraçada ao colete de veludo negro que usara na noite em que conheceu Getúlio. Emocionada, contou apenas com o conforto de sua costureira e vizinha, Maria do Carmo:

– Guarde *(o colete)* de lembrança. Poucos no Brasil tiveram esse privilégio.

CAPÍTULO 5
JK tinha história

Em 1955, o Brasil ainda vivia sob o impacto do suicídio de Getúlio e a inflação se materializava como um monstro multifacetado. O preço do café oscilava e Juscelino se tornara presidente com a promessa de acelerar o crescimento industrial. A construção de Brasília acompanhava esse ritmo, com uma demanda enorme de trabalhadores braçais, além de uma leva de engenheiros, projetistas e arquitetos que também se bandearam para lá. Havia ainda uma romaria de políticos ao cerrado.

Atentas ao frenesi, mulheres de decotes profundos, vindas do Sudeste e de Goiás, estabeleciam-se no único prédio de alvenaria da cidade, perto do Palácio da Alvorada, que começava a ser erguido. Surgia oficialmente o primeiro bordel de Brasília, numa localidade conhecida como Veneza. O cabaré tinha público-alvo: os profissionais encarregados de construir e urbanizar Brasília (engenheiros, arquitetos etc.), assim como empresários, executivos e políticos. Era o chamado negócio de ocasião.

Já os peões seguiam nos fins de semana em caravanas de caminhões para Luziânia ou Formosa, em Goiás, a fim de saciar seus desejos. Na bagagem, sacos de laranja e muita rapadura. "Nesses lugares, a fila às vezes reunia uns 300 homens, e as mulheres iam gritando: 'Tô livre!'. Quando saía o pagamento, então, era um inferno", conta uma das prostitutas que conviveram com esses trabalhadores, como consta do documentário "A saga das candangas invisíveis", de Denise Caputo, lançado em 2008.

Na Veneza brasiliense, a rotina exigia mais capricho e zelo. "À noite, as mulheres eram muito lindas, todas vestidas de longo, de sapato alto, com meias. Ninguém podia ir pro salão sem meia". A memória de Yone, uma das entrevistadas no filme, registra os dias no pioneiro bordel de luxo. Ao se referir aos frequentadores, em defesa da memória nacional, ela quebra o código do anonimato do cliente e, com uma pontinha de orgulho, revela que também deu sua contribuição ao país: "Juscelino frequentou aqui, sentado onde eu estou. Aqui tinha uma mesa grande... Ele veio muitas e muitas vezes. Os seguranças ficavam lá fora esperando. Era mulherengo, não ligava pra nada, não. Tinha conhecimento com a dona da casa e nós sempre o tratamos muito bem. Você já pensou? Um presidente na casa da gente?".

O depoimento de Yone é emocionado e soa como um título conquistado por ela e suas amigas ao atender um presidente e outros tantos políticos importantes. O fato, em si, elevava a autoestima das prostitutas que trabalharam nos primórdios de Brasília. Para acolher Juscelino, a dona do bordel não deixava a despensa sem pacotes de torresmos, servidos em tigelas de prata.

No livro "Jango – Um depoimento pessoal" (Editora Record, 1993), o jornalista João Pinheiro Neto destaca o espírito aventureiro de JK, a quem chama de "incorrigível seresteiro" por seu temperamento boêmio dos tempos em que governou Minas Gerais, entre 1951 e 1955. Segundo o autor, Juscelino "curtia um sambinha matreiro com 'lépidas bailarinas', longe da inútil vigilância de dona Sarah".

Não foi à toa que JK pediu a Oscar Niemeyer, tão logo assumiu o governo em seu estado, para providenciar um bunker nas Mangabeiras, "no qual, distante e livre das exigências burocráticas, dos insistentes pedidos da prefeitada interiorana e do olho vigilante da família, pudesse 'lustrar os salões' e beber tranquilo seu champanhe rosê". Em outro livro, da ativista prostituta Gabriela Leite ("Filha, mãe, avó e puta", Editora Objetiva, 2009), JK é lembrado por ter frequentado três casas do gênero em Belo Horizonte: Cabaré da Olímpia, Montanhês Dancing e Chantecler.

Em campanha para a Presidência, nos anos 50, JK esteve várias vezes em Bauru. Partiu dele, já eleito, uma homenagem a Nicolinha, inseparável amigo de Eny Cezarino: o título de melhor prefeito do Brasil. Ninguém tornou público se Juscelino também visitou, e em que circunstâncias, a famosa casa de tolerância na cidade paulista. Independentemente disso, ele gozava da simpatia da cafetina. Quando JK chegou ao Palácio do Planalto, Eny pendurou no salão principal do bordel um quadro com a imagem dele ao lado de outro, com a foto de Getúlio Vargas. Eram seus troféus. A julgar pelo entusiasmo, Eny tinha fetiches por faixas presidenciais.

– São todos maravilhosos! – celebrava.

Mais tarde, com a posse de João Goulart, a galeria seria ampliada: Eny não escondia o orgulho por ter desfrutado da intimidade de Jango no encontro promovido por Nicolinha e testemunhado por Ivete Vargas. Um momento inesquecível para o bordel democrático, que acolhia líderes das mais variadas colorações políticas. A ideologia da casa era o prazer.

Porém, antes disso, um meteoro político, de órbitas e olhos saltados, invadiu o território nacional provocando incertezas e acelerando rupturas. Difícil mencionar JK e João Goulart sem citar Jânio Quadros – sucessor do primeiro e antecessor de Jango. Cabelo despenteado, terno amarrotado, com caspa nos ombros, essa era a figura de Jânio, candidato a presidente pelo nanico Partido Trabalhista Nacional (PTN). O homem da vassourinha venceu a eleição de 3 outubro de 1960 com 48,2% dos votos. Henrique Lott (PSD) ficou em segundo, com 32,9%, e Adhemar de Barros (PSP), em terceiro, com 18,7%. Não havia segundo turno. Na campanha, Jânio atacou o governo de Juscelino e lançou mão de discursos de forte apelo popular, como o de 3 de setembro daquele ano, em Araxá, Minas Gerais:

– Senhores, se entrarmos hoje na casa de um operário não encontraremos mais a manteiga, a banha, os ovos, o leite, as verduras, a carne.

A cada frase de efeito, os mais de sete mil presentes ao comício no Centro de Araxá aplaudiam o candidato – na época, a cidade tinha em torno de 35 mil habitantes. Mas Jânio cometeu um deslize e por pouco não estragou o comício. Na tentativa de agradar à população, perto do encerramento, impostou a voz para iniciar uma saudação:

– Querido povo da cidade de Dona Beja...

Não conseguiu completar a frase. Foi vaiado e viu muita gente fazendo sinal de negativo com o dedo polegar para baixo. Rapidamente entendeu o significado daquilo e contornou a situação com a promessa de mais comida na mesa de cada brasileiro.

As vaias, pontuais, e talvez as únicas que recebera em comícios naquele período, estavam associadas à dificuldade de Araxá em aceitar Dona Beja como uma celebridade local. Segundo historiadores, é a prostituta mais antiga de que se tem conhecimento no Brasil. Dona Beja (ou Ana Jacinta de São José) era uma mulher de classe média, independente, nascida em 1800 em Formiga, interior de Minas, de onde se mudaria ainda criança para Araxá. Em 1986, a história da cortesã inspirou Wilson Aguiar Filho a escrever a novela "Dona Beija" (com "i" no nome), sucesso de audiência na TV Manchete, com Maitê Proença no papel principal, e apresentada na Espanha, França, Portugal, Cuba, Estados Unidos e Uruguai.

* * *

Jânio ficou na presidência de 31 de janeiro a 25 de agosto de 1961, data em que renunciou intimidado por "forças ocultas". Nesse curto período adotou uma intensa cruzada moralista, sua principal marca na política. Iniciou na vida pública em 1947, como vereador, em São Paulo. Foi deputado estadual, prefeito, deputado federal e governador antes de assumir a cadeira no Palácio do Planalto. Na Assembleia Legislativa paulista, destacou-se por campanhas contra álbuns de figurinhas e consumo de balas.

Eleito governador de São Paulo, intensificou a repressão aos jogos de cartas, bingos e rifas. Desqualificou os espetáculos circenses, classificando-os como "imoralidades gritantes", e se opôs fortemente à multiplicação do número de casas de tolerância – antes, quando prefeito da capital paulista, já havia cassado o alvará de hotéis de alta rotatividade, utilizados para encontros de casais.

Na presidência, proibiu corridas de cavalo em dias úteis, rinhas de galo, e regulamentou o tamanho dos maiôs das misses nos desfiles transmitidos pela TV, ao mesmo tempo em que vetava o uso do biquíni nesses eventos de grande sucesso na época. Jânio defendia tais medidas com eloquência e muitas vezes olhando fixamente os interlocutores.

Suas ações rumavam em sentido oposto às práticas do pai, Gabriel Quadros. Médico e farmacêutico, especialista em abortos, ele se notabilizou por atender prostitutas num período em que isso configurava total degradação. Gabriel e sua família chegaram a morar por alguns anos em Bauru, quando Jânio era criança, muito antes de Eny se tornar famosa na cidade. Desavenças na família Quadros se sucediam devido ao antagonismo político de pai e filho. Gabriel contrapunha-se às ideias de Jânio e as combateu o quanto pôde. Foi assassinado em maio de 1957, por um marido que se sentia traído.

A obsessão de Jânio contra tudo que dizia respeito ao que considerava imoralidade era interpretada como uma inesgotável fonte de hipocrisia. Isso ficou mais evidente quando surgiram escândalos envolvendo o seu nome: foi denunciado por Diva Pereira Lima de tê-la assediado. Demitida do Departamento de Saúde do Estado, no período em que Jânio governava São Paulo, ela foi a seu gabinete tentar reverter o afastamento. Jânio, segundo ela, pediu-lhe que entrasse dentro de um armário escuro, no próprio gabinete, para consumar seus "intentos desonestos".

Em fevereiro de 1957, a revista "Mundo Ilustrado", inspirada em folhetins, publicou a acusação de Diva numa série de reportagens com títulos que deixaram Jânio furioso: "D. Juan de Gabinete", "Satanás usa bigodes" e "Qual o pente que penteia tua moral?". Os textos atribuíam a Jânio casos de assédio a esposas de seus auxiliares e revelavam que frequentava um bordel na Rua Martins Fontes 277, no Centro de São Paulo, onde seria conhecido como "farrista".

Uma ação na Justiça movida por Jânio levou a ex-funcionária a se retratar publicamente, negando os fatos narrados na revista e isentando-o de culpa. Mas as histórias corriam o mundo e afetavam a imagem do governador, embora ele insistisse em divulgar em entrevistas e comícios o pedido formal de desculpas feito por Diva. Ao seu lado, dona Eloá dava crédito às justificativas do marido. Todo esse enredo está contado no livro "Jânio Quadros – O prometeu de Vila Maria" (Ediouro, 2004), do jornalista Ricardo Arnt.

CAPÍTULO 6
Taras do chefe da nação

Em 1962, a escritora Adelaide Carraro, na época uma das autoras mais lidas no Brasil, publicou "Eu e o governador" (L.Oren Editora), com confidências sobre sua relação com um governante não identificado. Pelas pistas do texto, pareceu óbvio, inclusive para a imprensa, tratar-se de Jânio Quadros.

Ela organiza o conteúdo como uma autobiografia e narra, num primeiro momento, as idas e vindas até a antessala do personagem, em busca de emprego. Curada de uma tuberculose, conta ter passado por uma sucessão de constrangimentos com assessores – todos ávidos em se aproveitar de sua juventude, que criavam pedágios para que não chegasse ao chefe do Executivo. Em vão. No livro, Adelaide revela que os dois se apaixonaram.

Jânio reagiu: contratou o jurista Saulo Ramos, que nos anos 80 se tornaria titular da pasta da Justiça no governo de José Sarney. Após uma queda de braço entre defesa e acusação, decidiu-se pela retirada de um dos capítulos do livro nas edições seguintes, justamente aquele em que ficavam mais claras as alusões a Jânio.

– Entende-se que essa senhora seja um tanto quanto

aluada. Não a conheço, entrementes, mesmo que a conhecesse, essa imputação não caberia – defendeu-se o político.

No polêmico capítulo, Adelaide divide com amigas uma parte da sua intimidade com o "governador". Uma delas, Cátia, atriz de cinema, faz um alerta com conhecimento de causa: "Cuidado, ele é taradíssimo". A insinuação se dera em razão de uma orgia no Horto Florestal, Zona Norte da capital paulista, no qual o personagem principal da trama, completamente bêbado, teria avançado sobre a moça. "Ele me quis possuir à força, arrancando-me a roupa, mordendo-me os seios, deixando-os roxos. Resisti-lhe, até que desistiu. Depois, com a língua enrolada, pediu-me desculpas", relata.

O livro de Adelaide traz histórias picantes, sempre mirando o político. Laura, identificada como amiga da autora, detalha um suposto encontro com Jânio numa mansão em São Paulo, com cenas que mais pareciam de filmes pornográficos. "Éramos seis moças ao todo. Tínhamos de desfilar nuas, uma por vez, em cima de uma mesa de mais ou menos um metro de altura. No meio da mesa, havia uma vela acesa. As moças davam algumas voltas sobre a passarela improvisada e, depois, erguiam a perna, e com a ponta dos pés apagavam a vela". Tudo isso diante do "governador, que, ao fim de cada exibição, se levantava para dar vazão a seus instintos".

Realidade ou ficção, o fato é que Adelaide descreve tão bem seu personagem que é difícil não associá-lo a Jânio, como neste trecho: "Diante do povo é aquela aparência patética, misto de homem do povo e revoltado, com vestes apropriadas, casaco roto, cabelos despenteados, camisa suja com o colarinho amarrotado e gravata fora do lugar. Nos salões, aquela elegância... assemelhando-se a um autêntico lorde inglês, com maneiras finas, gestos educados...".

Num dos encontros narrados pela escritora, há mais pistas sobre a identidade do político: "Adelaide, se algum dia eu for presidente da República neste país, asseguro-lhe que não haverá mais órfãos, nem crianças passarão fome por seus pais terem perdido o ordenado em rinhas de galo. Um dos meus atos, meu bem, será a extinção desse grosseiro divertimento público em todo o território nacional".

A decisão da Justiça poderia ter encerrado a questão sobre aspectos íntimos do político que se apresentava em público como arauto da moralidade. Faltou, porém, combinar com o próprio Jânio sobre como deveria se comportar a partir de então. Ele era indomável e, pior, imprevisível, principalmente depois de se atracar com uma garrafa de vinho do Porto, outra de suas taras.

O jornalista Joel Silveira contou no livro "Viagem com o presidente eleito" (Editora Mauad, 1996) como Jânio, já escolhido para ocupar o Palácio do Planalto, tentou seduzir uma açoriana de quadris rechonchudos e casada, a bordo do navio Aragon, numa viagem rumo à Europa. Mais ou menos no mesmo período, o ex-governador de São Paulo, Carvalho Pinto, "ficou chocado ao ver o presidente da República cortejar a mulher de um embaixador na frente do marido e de dona Eloá", numa reunião em que discutiria provavelmente o novo ministério do país, como revela em seu livro o jornalista Ricardo Arnt.

Outra história teria Carlos Lacerda como testemunha. O governador da Guanabara (1960-1965) foi a Brasília ter uma conversa reservada com o presidente, sem marcar audiência. Disse que precisava de Jânio "para aconselhar-se como amigo e pai". Diante de comentários evasivos de um Jânio irrequieto e apressado, que a toda hora consultava o relógio, Lacerda foi orientado a se encontrar imediatamente com o ministro da Justiça, Oscar Pedroso Horta, para solucionar uma pendência com relação ao jornal "Tribuna da Imprensa", do qual era proprietário.

Durante o encontro, Jânio telefonou duas vezes para Horta e lhe passou algumas instruções. O ministro estava em casa, um pouco distante do Palácio da Alvorada, mas em poucos minutos recebeu Lacerda:

– A que devo a honra, governador?

Lacerda e Horta trataram do assunto em uma reunião não muito demorada. Encerrada essa etapa, o anfitrião precisou de muita habilidade para cumprir a segunda ordem do presidente: impedir que o visitante se hospedasse no Alvorada. O ministro então entrou em contato com o mordomo do palácio, João Hermínio, orientando-o a colocar a mala de Lacerda do lado de fora. Dito e feito. Sentindo-se rejeitado, o governador teve um ataque de fúria. Só mais adiante, Lacerda seria informado de que, naquela noite, dona Eloá estava no Rio, e Jânio aproveitaria a ausência da esposa para receber uma convidada.

São inúmeras as histórias envolvendo Jânio, bebidas e mulheres, nesta ordem. Em 1968, a camareira Terezinha Moura Soares apresentou à polícia queixa contra ele por tentativa de estupro. O caso terminou sem consequência. Em 1987, a apresentadora de TV Hebe Camargo revelou que Jânio a assediava frequentemente pelo telefone, quando ocupava a Presidência, "sempre sem sucesso".

Mas, assim como tinha um lado indomável, Jânio era também curioso. Em 1982, na campanha para governador de São Paulo, quis conhecer a Casa de Eny. "Não posso afirmar que Jânio foi amigo de Eny. Não acredito que tenha sido", disse Nicola Avalone Junior, o Nicolinha. "Jânio esteve no bordel uma única vez, durante o dia, numa visita muito rápida e exclusivamente política... *(Ele)* sabia da fama da cafetina e da força que tinha", conta Lucius de Mello no livro "Eny e o grande bordel brasileiro". Ao avistar o letreiro luminoso e imponente logo na entrada da cidade, o político não fazia ideia de que conheceria um lugar extremamente requintado, amplo, que mais parecia um clube de elite, com suíte presidencial.

– Não sabia que em Bauru existiam áreas palacianas – impressionou-se Jânio.

A primeira intenção dele, no encontro, era conseguir o apoio de Eny. A outra não lhe soava menos importante: que ninguém o visse na casa de tolerância.

– O que meus inimigos vão dizer quando souberem que estive aqui? Que me embriaguei ou me apaixonei.

Na conversa com Eny Cezarino, ele elogiou o zelo da proprietária e os cuidados com a manutenção do lugar.

Também notou a atenção furtiva de algumas meninas e tomou um café com olhos travessos, por vezes arregalados, diante de tanta beleza e sensualidade ao redor. Saiu de lá suando muito, embora fizesse frio em Bauru.

Boa anfitriã, Eny não quis cobrar-lhe por uma contenda de duas décadas atrás, quando, contrariado com a derrota do seu candidato à prefeitura de Bauru, superado nas urnas por Nicolinha, Jânio acionou a polícia para fechar o bordel. O fato até ocorreu, mas por apenas duas horas, graças à intervenção do próprio Nicolinha, muito bem relacionado com juízes e desembargadores paulistas.

Jânio não se elegeu governador em 1982, mas ganhou a prefeitura da capital paulista quatro anos depois, numa disputa acirrada com Fernando Henrique Cardoso. No mandato, de 1986 a 1989, cumpriu à risca seu script com um jeito histriônico, tresloucado e moralista. Fechou motéis, casas de prostituição e clínicas de massagem. Proibiu a prática de *cooper* em frente ao Museu do Ipiranga, área que não comportava, segundo ele, gente correndo de short, e impediu o ingresso de homossexuais na Escola Municipal de Bailado – atitude que provocou manifestações de grupos ligados à arte e aos direitos humanos.

A incoerência que ao longo da vida o colocou em situações antagônicas – ora defensor da moralidade e dos bons costumes, ora mulherengo atrevido e impulsivo – teve efeitos diversos em lugares e períodos diferentes. Foi emblemática, por exemplo, a ovação das prostitutas da Casa de Eny, no carnaval de 1961, semanas após sua posse no Planalto.

– Viva o novo presidente da República! Viva Jânio Quadros! Viva! – elas gritavam, dançando e cantando num desfile em carro aberto pelas ruas de Bauru.

Os homens retribuíam os "vivas" retirando seus chapéus e acenando para as moças. Eny considerou espontânea a efusividade de suas meninas. Só não queria que elas se atrasassem. Afinal, o movimento na casa, em datas festivas, notadamente no carnaval, triplicava. Além disso, experiente, a cafetina previa um aumento substancial do faturamento do bordel nos dias que se seguiriam à vitória de Jânio. Segundo Eny, mudanças políticas ativavam a energia dos cidadãos.

CAPÍTULO 7
Fardas e encrencas com políticos

Em 1961, a Quarta-Feira de Cinzas na Casa de Eny caiu em agosto. Pelas ruas de Bauru ninguém ouvia mais canções. A renúncia de Jânio pegou todos de surpresa e, claro, afetou os bordéis. Uma atmosfera tensa pairou em Brasília e nos grandes centros do país até o dia da posse do vice, João Goulart, quando a temperatura se tornaria mais elevada.

— O doutor João Goulart tinha um carinho especial por nós. Era um homem respeitoso e nos dava presentes.

O relato é de uma prostituta da velha guarda do Rio, que trabalhou em mais de uma dezena de boates de Copacabana nos anos 50 e 60. Ela serviu bebidas ao político pelo menos duas vezes, mas não teve a chance de desfrutar de sua intimidade.

— Ele me olhava e eu tremia. Queria tanto que me chamasse... Não dei sorte. Nas duas vezes em que nos cruzamos na boate, não rolou nada. Mas semanas depois ele mandou uma encomenda para mim no cabaré: um perfume francês embutido num ursinho de pelúcia. Eu chorei de alegria. No dia em que foi deposto, dormi com o ursinho.

Vítima de um golpe, em 1964, Goulart foi impedido de terminar seu mandato. Militares tomaram o poder com uma pauta conservadora, enfatizando medidas moralizadoras, em defesa da família e do combate ao comunismo e à corrupção. Iniciavam-se os anos de chumbo com governos de cinco generais e restrições às liberdades individuais. Humberto Castello Branco foi o primeiro deles. Viúvo de dona Argentina Vianna, introvertido, não despertava a atenção das mulheres. Embora conceitos de estética tenham uma elevada carga de subjetividade, era consenso que o general seria desclassificado ou vaiado num concurso de beleza.

"Castello era terrivelmente feio... Tinha um desvio na coluna. Era quase um pequeno monstro. Os cadetes da escola militar deram-lhe terríveis apelidos: Quasímodo, Tamanco, todos em função de seu aspecto físico. Castello em cima de um cavalo era uma coisa grotesca. Mas havia uma grande admiração intelectual por ele". Essa descrição, crua e sem rodeios, está no livro "Visões do golpe: a memória militar sobre 64" (Editora Relume Dumará, 2004), organizado por Maria Celina D'Araújo, Gláucio Ary Dillon Soares e Celso Castro.

A partir da ditadura, casas de prostituição e mulheres que faziam ponto nas ruas foram perseguidas e presas em todo o país, principalmente em Brasília. O novo governo se alinhava com um movimento conservador que crescia velozmente: a Marcha da Família com Deus, evento realizado em dezenas de cidades, saudando a chegada dos militares ao poder. No período Costa e Silva, sucessor de Castello, foi mantida a vigilância ostensiva contra a prostituição e houve dissensões mais graves contra grupos oposicionistas.

A repressão aumentava, mas os bordéis não deixavam de existir; tornavam-se menores, mais simples, e as mulheres já não exibiam o mesmo glamour, eram mais frias e amedrontadas. Naquele período, um circuito de prostituição no km 7 da BR 040, portanto, a poucos quilômetros de Brasília, atraía políticos e oficiais graduados das Forças Armadas. O local reunia inferninhos identificados por luzes vermelhas na entrada. A frequência era misturada. Quando chegava uma autoridade, quem não tinha farda agia com mais discrição ou nem entrava.

O controle do lugar estava a cargo de um homem parrudo, alto, com cerca de 130 quilos e pouco humor. Cabia-lhe evitar brigas, distúrbios, qualquer coisa que pusesse em risco a integridade das prostitutas e a privacidade dos frequentadores. Chamavam-lhe Carlão, embora seu nome fosse Paulo César. Era o que à época se apelidava de "leão de chácara", expressão que caiu em desuso, assim como "inferninho".

Num determinado dia de maio de 1969, ele decidiu ajustar as contas com um sujeito que abusara da bebida e tentara agredir uma das moças. Segurou o homem pelo colarinho e o expulsou:

– Você só pode estar maluco. Eu sou um deputado, seu safado!

– É melhor o senhor se mandar logo e parar de beber. Minhas mãos estão coçando. Não quero te dar um cola-brinco *(golpe aplicado com as mãos espalmadas simultaneamente nas duas orelhas)*.

Carlão reinava como o todo-poderoso do Km 7. Caminhava de peito e barriga estufados. Vaidoso, ostentava um cordão de ouro com a imagem de São Jorge. Tudo ia bem, até que um dia se viu diante de uma encrenca mais polpuda que sua pança: gritos desesperados de uma das moças ecoaram pelo ambiente. Ele ajeitou as calças, erguendo-as até o umbigo, e foi em direção ao barulho. Logo descobriria a razão do alvoroço: mais uma tentativa de agressão.

– Ele quer fazer o que não foi combinado – protestou a moça.

O cliente cambaleava e não dizia coisa com coisa. Carlão levou-o à força até o carro e o expulsou, avisando para não voltar.

– Se aparecer aqui de novo, vai ser só na tapona!

Dever cumprido, ele voltou ao seu posto. Com o andar meio trôpego, em razão da obesidade, acendeu um cigarro e dividiu uma cerveja com uma de suas amigas. A vida de Carlão, porém, mudaria radicalmente minutos depois. A dona de um dos inferninhos, apavorada, identificou aquele sujeito como um militar de alta patente, lotado no gabinete da Presidência da República.

– Vixi, Carlão... Você mexeu com marimbondo vingador. Esse homem vai voltar com a tropa toda só pra fazer churrasquinho de você. Eu já dispensei a menina. E agora? O que a gente faz?

Carlão coçou a cabeça. Tinha consciência do período em que o país vivia, com arbitrariedades de toda a sorte. Sabia dos riscos que corria ficando ali. Desde então, ele nunca mais foi visto em Brasília nem nas cidades-satélites. Simplesmente desapareceu e até mesmo amigos próximos ignoraram seu paradeiro. A versão corrente, de final feliz, prevaleceu, sob incertezas: Carlão teria fugido em seu Fusquinha, na madrugada do incidente, para o interior de Minas. A dona do prostíbulo morreu nos anos 90. E até seus últimos dias também dizia não saber o destino do mais dedicado e disciplinador de seus funcionários.

– Ele era a garantia do bom funcionamento daquela casa. Gostava das moças como se fossem filhas. Só extrapolou uma vez. Errou com quem não podia errar – contou a cafetina, algum tempo depois do episódio, num encontro com clientes, em que enfim revelou um pouco mais sobre o passado do temido Carlão: – Ele trabalhava como segurança de um supermercado no interior do Maranhão e acabou se envolvendo numa briga que terminou em morte. Usava bem a peixeira. Chegou a ser preso e até então se chamava PC Faca Amolada. Quando saiu da prisão, preferiu deixar de lado o PC, de Paulo César, e adotou o Carlão.

A prostituição no Distrito Federal durante a ditadura tinha essa relação dúbia com o poder. De um lado, o combate oficial à "imoralidade"; do outro, histórias que desnudavam o jogo de cena e a hipocrisia das autoridades. Há dados – poucos – no arquivo confidencial da Secretaria de Segurança Pública do Distrito Federal que dão conta do envolvimento de integrantes das Forças Armadas e da Polícia Militar com casas de tolerância. O "Correio Braziliense" teve acesso à parte desse material e, numa reportagem publicada em 7 de dezembro de 2017, revelou que, no início dos anos 70, um militar gerenciou a boate Brazinha, antiga Caverna, famosa pelos shows de strippers. Ele era lotado no gabinete do ministro do Exército, Orlando Geisel, irmão do futuro presidente, Ernesto Geisel.

CAPÍTULO 8
General indomável

Em abril de 1969, o governador do Rio, Negrão de Lima, assinou decreto abolindo a exigência de certidão de casamento para a hospedagem em hotéis. Embora tal requisito não faça qualquer sentido hoje, há meio século era assim. Tal fato foi comemorado em bares e boates cariocas por prostitutas e tantas outras pessoas beneficiadas pela decisão. Em ritmo lento por todo o país, foram surgindo medidas semelhantes que expressavam a boa vontade de alguns políticos com a evolução dos costumes e da liberação sexual.

Ao mesmo tempo, o fantasma do comunismo rendia pesadelos à presidência da República e o período de Emílio Garrastazu Médici (outubro de 1969 a março de 1974) marcou um acirramento da violência contra grupos oponentes, consolidando um ambiente de intransigência imposto pelo Estado. No verão de 1974, Médici esteve em Salvador para um encontro com o governador da Bahia, Antônio Carlos Magalhães, seu aliado, e alguns outros compromissos formais. Aproveitou a tarde daquele 5 de fevereiro para visitar, como um turista comum, cartões-postais da capital baiana, entre eles, o

Pelourinho. Tirou algumas horas de folga e convocou para o passeio a primeira-dama, Scylla Gaffré Nogueira; foram acompanhados por cinco agentes de segurança e pelo ajudante de ordens.

Meses antes, Médici estivera no Pelourinho, em caráter oficial, e por isso não pôde se deparar com a realidade local: as autoridades haviam montado uma operação para tirar as prostitutas que ali faziam ponto. Foram instadas a sumir por um dia. Desta vez, Médici circulou com a esposa pelo Mercado Modelo, Praia de Itapoã e Igreja do Bonfim. No Pelourinho, notou o sorriso afável de várias moças vestidas em trajes curtos, recostadas à porta dos locais onde trabalhavam em tempo integral.

Quis ser simpático e acenou para suas fãs de ocasião, sob o olhar reprovador, mas silencioso, de dona Scylla. Auxiliares notaram o mal-estar, mas nada puderam fazer. Sempre distante do assédio da imprensa, Médici não permitia que jornalistas dessem qualquer informação sobre sua vida pessoal. Livro que abordasse aspectos dessa natureza, nem pensar. Tinha uma imagem pública rígida e o máximo que se sabia à época era que gostava de jogar biriba e reunir a família para churrascos. Somente alguns poucos tinham conhecimento das conversas sobre futebol e de seu campeonato particular de piadas de mau gosto com João Figueiredo, chefe do gabinete militar de seu governo.

A partir de 1974, com Ernesto Geisel na Presidência, Figueiredo assumiria a chefia do Serviço Nacional de Informações, o temido SNI; cabia-lhe a tarefa de mapear os locais por onde Geisel passaria e infiltrar seus homens, garantindo com isso a segurança do presidente. No documentário "Bauru: da chapa, dos trilhos e do puteiro", produzido em 2014 por estudantes de jornalismo da Unesp (Universidade Estadual Paulista), o jornalista Luiz Teixeira dá um depoimento revelador sobre uma visita de Figueiredo à cidade: "Sempre quando o presidente vai fazer alguma viagem pelo país, um grupo que cuida da segurança dele verifica as condições dos locais por onde ele vai passar, ocupa pontos estratégicos para pôr um franco-atirador, toma todas as precauções. É assim hoje, imagina na ditadura! Numa vinda do Geisel para Bauru, Figueiredo veio antes para tratar disso tudo. De repente, no meio de todas essas atribuições, Figueiredo sumiu. Foi aquele rebuliço. Depois, descobriram que estava hospedado havia três dias na Casa de Eny, fechada nesse período para o público. Essas coisas todas são boatos que são contados. Boatos com certo sentido de verdade".

Figueiredo tinha fama de fogoso, característica sempre lembrada por Ulysses Guimarães, um dos políticos mais importantes do país na segunda metade do século passado, em conversas e em reuniões do seu partido, o MDB – que mais tarde passou a se chamar PMDB e, desde 2017, voltou a adotar a sigla original. Ulysses, por sua vez, é protagonista de uma história que revela a vocação de político inteligente, hábil e, sobretudo, astuto. Num discurso no salão paroquial de uma igreja do Paraná, em 1978, ele voltou sua artilharia verbal contra Geisel, em função das pressões exercidas pelo governo para que o MDB se posicionasse a favor da reforma constitucional, o que esvaziaria a luta pela Constituinte, sua grande bandeira.

– O programa do MBD defende a bandeira da Constituinte. E um programa de partido não deve ser feito santo de bordel. Vocês sabem o que é santo de bordel? Não há um quarto de prostituta que não tenha um santo colado na cabeceira. Depois da safadeza na cama, ela acende a vela para o pobre do santo.

Diante de um padre pálido de vergonha e do silêncio da plateia, formada por católicas fervorosas, quase todas idosas, Ulysses, grande frasista, encerrou sua fala percebendo que usara a expressão correta, mas em local inadequado. Rápido no gatilho, pediu desculpas ao pároco e aos presentes "pela linguagem inapropriada".

No livro "A ditadura militar e a longa noite dos generais: 1970-1985" (Editora Record, 2015), o jornalista Carlos Chagas narra aventuras de João Figueiredo, já presidente. Boêmio e motoqueiro nas manhãs dos fins de semana, enquanto dona Dulce dormia, ele saía da Granja do Torto para escapulidas de alto risco: "Blusão e calças de couro preto, botas de cavalariano e capacete de Darth Vader, trafegava em alta velocidade para as cidades-satélites, onde tinha amigas para encontros descontraídos. Dava um trabalho dos diabos para a segurança, que mesmo seguindo-o à distância de vez em quando o perdia. Certa manhã foi parado numa blitz, em plena estação rodoviária. O jovem tenente da Polícia Militar do Distrito Federal foi grosseiro e arrogante, até que o presidente perdeu a paciência, tirou o capacete e perguntou: 'Você está me reconhecendo?'. Antes que o policial desmaiasse, chegou a segurança, recebendo depois instruções para aproveitar o tenente numa das equipes do Palácio do Planalto".

O episódio ocorreu na mesma época em que Figueiredo mandou chamar o embaixador Celso Amorim, presidente da Embrafilme, para proibi-lo "de ficar financiando pornochanchadas com recursos do governo". Mesmo que muitas dessas produções fossem sucesso de bilheteria, com grandes exibidores em alguns casos pagando adiantado para garantir exclusividade de apresentá-las em seus cinemas, a Embrafilme foi forçada a mudar os rumos de seus filmes.

Curioso como a história às vezes dá voltas e não sai do lugar. Em julho de 2019, o presidente Jair Bolsonaro criticou duramente a Agência Nacional do Cinema (Ancine) por causa do aporte de recursos públicos para filmes como "Bruna Surfistinha", lançado em 2011. No longa-metragem, que teve mais de dois milhões de espectadores, a atriz Deborah Secco interpreta a famosa prostituta, cujo nome fantasia dava título ao filme. A trama dirigida por Marcus Baldini é baseada no best-seller "O doce veneno do escorpião – O diário de uma garota de programa" (Panda Books, 2005), com mais de 250 mil exemplares vendidos e traduzido em várias línguas. A autora, Raquel Pacheco, a Bruna Surfistinha, é uma paulistana de classe média que hoje se considera ex-prostituta.

* * *

Em 1982, ao inaugurar um trecho do metrô do Rio, na Praça Saens Peña, Figueiredo fez o que menos gostava: discurso. Nele, enalteceu a esposa, Dulce, sem deixar de mencionar o ciúme da primeira-dama desde quando o casal se viu pela primeira vez, na Tijuca, Zona Norte do Rio:

– Conheci Dulce neste bairro: ela frequentando a sede do seu time de coração, o América, e eu já na torcida pelo Fluminense. Desde então, percebi que era vigilante e me marcava sob pressão.

Motivos não faltavam. Villas-Bôas Corrêa, um dos grandes nomes do jornalismo político do Brasil, falava sobre a fama de conquistador de Figueiredo na presidência, "período em que de vez em quando saía à noite para os seus encontros". Villas e Carlos Chagas tinham histórias em comum sobre o personagem; só divergiam quanto aos horários das sessões de saliência.

Em 1984, com Figueiredo prestes a deixar a presidência, o Brasil continuava produzindo enredos que misturavam políticos e prostituição. Naquele ano, Gilvânio Moura Batista, prefeito de Machacalis – cidade no nordeste de Minas Gerais, a 630 quilômetros da capital Belo Horizonte –, vivia um impasse: não conseguia inaugurar uma das principais obras de sua gestão, o prostíbulo municipal. Já fazia cinco meses que o casarão, com 50 cubículos, numa área afastada do Centro de Machacalis, estava pronto, mas não aparecia prostituta por lá.

O prefeito fez a obra para afastar as 50 garotas de programa das áreas mais movimentadas da cidade. O problema era convencer o pároco local, Samir Gazel, que organizara um abaixo-assinado. No documento, ele alertava que a ocupação do casarão representaria um risco à segurança das prostitutas, "por ser (um local) ermo e ao lado do cemitério municipal". Gazel tinha na verdade outro motivo: ele considerava que a obra representaria a institucionalização da prostituição no município.

A aflição de Gilvânio lembra muito o drama do prefeito Odorico Paraguaçu, interpretado por Paulo Gracindo na novela "O Bem-Amado", da TV Globo, exibida em 1973. Na ficção criada por Dias Gomes, o alcaide investe parte do orçamento da cidade de Sucupira – com suspeitas de superfaturamento – na construção do cemitério municipal. Na trama, o tempo passa, ninguém morre no município e com isso a obra não pode ser inaugurada.

Em desespero, Gilvânio implorou às prostitutas diante da certeza de que sua carreira estaria por um fio. Mandou flores a elas para reforçar o pedido e ordenou que assessores contratassem um bufê e uma bandinha para a festa de inauguração. Faltava marcar o dia do evento.

– Por favor, ocupem a casa. Vai ser bom para todos, os banheiros são limpinhos. Tem até quarto com teto espelhado!

De nada adiantou o apelo do prefeito de Machacalis. A resistência das meninas não tinha a ver com a distância entre o casarão e o Centro da pequena cidade mineira, tampouco com as novas instalações. Elas temiam a vizinhança: o cemitério municipal e suas muitas histórias de aparições noturnas. Aturar desconhecidos, clientes inconvenientes e gente estranha fazia parte da atividade delas. Mas fantasmas, definitivamente, estavam fora de cogitação.

CAPÍTULO 9
Urnas e libido

Os anos 80 trouxeram transformações à vida social e política do país. O período do arbítrio ficara para trás e renascia um ambiente de mais liberdade em todos os segmentos. O país se renovava. Eleonora, prostituta nas décadas de 70 e 80, detectou uma decadência de modelos masculinos e uma maior visão crítica de suas colegas, em linha com um certo ceticismo da população:

– As mulheres admiravam os políticos e os homens em geral. Mas aos poucos eles foram se apequenando. Antigamente, bastava ser funcionário público para ser considerado importante. Hoje, nem juiz, ministro e presidente são respeitados. O que vale pra eles é o dinheiro. Depois da indiferença, veio a desconfiança e até um certo ódio de quem ocupa cargo em Brasília.

O resultado das eleições indiretas em 15 de janeiro de 1985 marcou o fim de mais de 20 anos de regime militar, com a vitória de Tancredo Neves sobre Paulo Maluf, candidato da situação. Naquele dia, com o vice José Sarney ainda como coadjuvante no processo eleitoral, a cotação do mercado da prostituição disparou em várias partes do país. Em Belo Horizonte, as casas de tolerância não comportavam mais tanta gente. "A vitória do Tancredo deixou os homens com um apetite extraordinário. Trabalhei sem parar o dia inteiro. Quando saí de noite da zona, eu tinha atingido a marca de 78 homens", registra a ativista Gabriela Leite no livro "Filha, mãe, avó e puta".

Aliás, as prostitutas mais calejadas sabem que dia de eleição ou de vitória do Flamengo é lotação certa nos prostíbulos. Baby Bia, amiga de Eleonora, viveu essa experiência em 2019. Naquele ano, quando o time carioca conquistou a Libertadores e logo depois o Campeonato Brasileiro, a Vila Mimosa, no Rio, teve movimento recorde. Profissionais do sexo de municípios vizinhos foram convocadas para ajudar a dar conta da multidão que adentrava o lugar com a camisa rubro-negra.

– Foi uma coisa doida. Era muito flamenguista, numa euforia só. Quase todo mundo bêbado. Deu para faturar um dinheirão naquelas noites.

A memória de Baby Bia só falha quando tenta lembrar quantos clientes atendeu na tal comemoração dos dois títulos. A féria daquela jornada intensa seria depositada em sua conta no Banco do Brasil.

– Foram dezenas. Pelo menos uns 40, com certeza, na noite da Libertadores. Depois, com o Brasileiro, teve mais gente ainda. Muito rapaz gritando no ouvido da gente "Mengo! Mengo!". Um negócio insuportável. Mas trabalho é trabalho, né?

Tancredo Neves nem sequer teve tempo de festejar sua eleição: tornou-se pivô de uma transição dramática. Internado às pressas no Hospital de Base do Distrito Federal, em 14 de março de 1985, na véspera de sua posse, morreria semanas depois, em 21 de abril, em decorrência de infecção generalizada. Os anos seguintes, com José Sarney na Presidência, foram marcados por maior tolerância diante do crescente mercado do sexo. Ao deixar o comando do país, em 1990, Sarney se dedicaria com mais afinco à literatura, uma de suas paixões. Dez anos depois, lançaria o romance "Saraminda", em que conta a história de uma prostituta guianense de olhos verdes, cabelo liso e pele cafusa.

Brasília voltaria a viver dias tensos e intensos em 1992. Fernando Collor, primeiro presidente eleito pelo voto direto pós-64, foi acusado de envolvimento em corrupção. O governo agonizava e muito contribuiu para isso a cizânia entre ele e seu irmão Pedro. O pano de fundo do embate envolvia uma questão de foro íntimo, tornada pública pelo próprio Pedro à revista "Veja", em maio de 1992: "Eu e Thereza *(Collor)* tínhamos passado por uma crise conjugal... Isso foi em 1987, quando Fernando era governador de Alagoas. Nesta ocasião, eu estava no Canadá. Tive a informação de que ele chamou Thereza para conversar no palácio. Conversaram durante um bom tempo. Ali era o lugar onde ele tinha intercurso com algumas moças".

Além de expor um possível caso de assédio envolvendo Thereza, cuja beleza singular encantava homens de Norte a Sul, Pedro revelou com espantosa naturalidade que o palácio do governo era usado também para a visita de mulheres provavelmente indiferentes às demandas formais de um governador.

Antes da denúncia, porém, na vitória de Collor sobre

Lula, em 1989, Pedro ainda mantinha relação fraterna com Fernando: foi ele quem contratou Jeany Mary Corner, que saíra de São Paulo e começava a expandir seus negócios em Brasília, para organizar uma das festas da vitória do irmão. Fernando fechou a boate A Côrte, no Hotel St. Paul Plaza, na Asa Sul. Queria as prostitutas mais belas da cidade. Pedro cuidou de tudo:

– Jeany, leve todas as princesinhas que você conhecer.

– Pode deixar, vou fazer a lista. Mas vai ficar caro, doutor Pedro.

– Isso não importa.

Em meio às tempestades que tornavam o céu cinzento em Brasília, a então primeira-dama do país, Rosane Collor, seguia a reboque dos acontecimentos. Muitas vezes, tomada de ciúme pelo comportamento de Thereza diante de Fernando. Anos mais tarde, ela admitiria que se deixou levar por um conto de fadas. Já de posse de seu nome de solteira (que voltaria a usar desde a separação de Fernando, em 2005), Rosane Malta disse ter sido vítima de uma ingenuidade sem fim. Se pudesse, riscaria o passado. "Não teria me casado com ele. Meu pai me alertou muitas vezes sobre o temperamento do Fernando, sobre o envolvimento dele com muitas mulheres", disse, em entrevista ao jornal "Extra", em 29 de setembro de 2017.

Em 1992, nas semanas decisivas para o destino político de Fernando Collor, havia um trabalho intenso de governistas e oposição em suas frentes de batalha. Parlamentares saíam do Congresso exauridos pelos embates e também pela pressão da opinião pública sobre a decisão que caberia a cada um deles – afastar ou não o presidente do cargo. Tudo isso era pretexto para madrugadas relaxantes, com mordomias e companhias para atenuar o desgaste.

Poucos dias antes da votação do Senado que sacramentaria o impeachment de Collor, em 29 de dezembro, um deputado federal de São Paulo reservou hospedagem por cinco dias na suíte presidencial do Hotel Nacional, um dos mais tradicionais de Brasília. Ele dispunha de seu apartamento funcional, mas queria desfrutar de uma acompanhante de luxo em um ambiente mais sofisticado. No check-in, bastava preencher o nome dele na guia. Na identificação dos hóspedes, ao lado do seu nome, acrescentou apenas o adendo "e Sra". Confiante, envolvido pela soberba e preocupado apenas com os conchavos no Congresso, o deputado era alvo, sem saber, de uma espionagem caseira. Sua esposa descobrira que ele andava transitando pelo hotel.

Aguçada pela desconfiança que só crescia, ela telefonou para lá e pediu que o chamassem. Atencioso, o recepcionista, Florenço, informou que o parlamentar saíra, mas que sua mulher ficara na suíte. Foi a senha para incendiar um casamento que já vinha abalado. Florenço, antigo no ofício e conhecido por meio mundo em Brasília, por pouco não perdeu o emprego e alguns dentes. Depois de confrontado pela esposa, a verdadeira, o deputado quis agredi-lo e teve que ser contido por amigos e seguranças do hotel.

– Seu velho maluco, vagabundo, você quer acabar comigo?! O que eu vou dizer em casa?

Florenço ganhou folga até tudo se acalmar. Foi aconselhado pelo gerente a nunca mais dar detalhes sobre hóspedes, sem autorização prévia da direção. O deputado, após o incidente, jamais foi visto no hotel. Em 1994, não conseguiu se reeleger.

No carnaval desse mesmo ano, o Brasil ganhou mais um capítulo em seu rico e variado enredo de escândalos sexuais. Na Marquês de Sapucaí, o presidente Itamar Franco, que assumiu após a queda de Collor, acompanhava, animado, o desfile das escolas de samba. Ao seu lado estava a bela modelo Lilian Ramos, que lhe fora apresentada pelo deputado federal Valdemar Costa Neto – condenado anos depois por corrupção. O presidente sorria e acenava para os componentes das alas, dos carros alegóricos e, vez ou outra, abraçava Lilian pela cintura e beijava seu rosto. Eles ocupavam o camarote da Liga das Escolas de Samba do Rio, bajulados por contraventores cobertos de ouro.

Na lateral da pista, local em que jornalistas credenciados circulam, o repórter fotográfico Marcelo Carnaval, do jornal "O Globo", flagrou uma cena que ganharia destaque em jornais de todo o mundo e que quase antecipou a saída de Itamar da Presidência. Lilian Ramos estava com uma camiseta branca comprida, com estampas frontais, e sem calcinha – ela desfilara pouco antes, de topless, na Unidos do Viradouro, a convite do carnavalesco Joãosinho Trinta. A foto, feita de baixo para cima, não deixava qualquer dúvida.

Enquanto Lilian ganhava notoriedade instantânea, uma enxurrada de críticas de políticos e empresários chegava aos ouvidos de Itamar. Ele se defendeu, argumentando que não cometera ato libidinoso:

– Como eu poderia saber, ali, se ela estava ou não vestida adequadamente?

Num esforço para demonstrar indiferença diante da repercussão, Itamar telefonou para a modelo no dia seguinte e a convidou para jantar. Declarou-se apaixonado e minimizou a exploração da foto, preocupando-se apenas em realçar os dotes físicos dela. O romance, no entanto, não prosperou.

Na memória de Lilian, que trocou o Brasil pela Itália dois meses após aquele carnaval, os momentos com Itamar no camarote da Sapucaí ficaram eternizados. "Vieram todos os artistas, se jogaram para cima dele e ele continuou me dando atenção, como se eu estivesse com ele. Quer dizer, me deu importância de primeira-dama", declarou Lilian, em entrevista ao apresentador Gugu Liberato, na TV Record, em junho de 2016.

O governo venturoso de Itamar sinalizava novos tempos e estimulou um conjunto de iniciativas no segmento do sexo em pequenos municípios. Em abril de 1994, o prefeito de Rosana, no interior paulista, a 750 quilômetros da capital, copiou o seu colega de Machacalis e inaugurou o primeiro prostíbulo oficial da cidade, sob aprovação das futuras anfitriãs: a Casa da Tia Joana, referência a uma das idealizadoras do projeto, a cafetina Joana Delfina Silva. O político doou um terreno público para a construção das novas instalações com o objetivo de afastar a prostituição da região central. O bordel da cidade de Rosana se impunha pelas regras:

respeito aos clientes, oferta ininterrupta dos serviços e pagamento adiantado.

Foi um dos momentos marcantes da gestão do prefeito Jurandir Pinheiro (PSD), presente à inauguração e fotografado sorridente ao lado de belas mulheres – e, claro, solícito com todas elas. Porém, 25 anos depois, em fevereiro de 2019, a obra, principal marca de sua gestão, seria anulada por decisão do Tribunal de Justiça de São Paulo, acatando recomendação de reintegração de posse do terreno por parte do Ministério Público.

A decisão provocou uma reconfiguração do comércio do sexo em Rosana. Atualmente, agenciamentos se espalham pelos ranchos da cidade, sem um território exclusivo.

CAPÍTULO 10
Se o Paranoá falasse...

Desde o impeachment de Collor, os escândalos políticos passaram a chocar mais a sociedade do que qualquer conduta de natureza sexual. A imprensa ganhou espaço e liberdade para revelar o que ocorria às ocultas em Brasília, e a população nutria interesse em ser informada. Empenhados em desviar dinheiro público num conluio com grandes empreiteiras, congressistas conhecidos como os Anões do Orçamento monopolizaram o noticiário a partir do fim de 1993, com a descoberta de fraudes contra o patrimônio público.

Destrinchado a conta-gotas, o esquema revelaria mais do que as estratégias para surrupiar montanhas de dinheiro do contribuinte. Cada êxito do grupo – entendendo-se aí o sucesso na ação criminosa – era celebrado com festas apimentadas, com a participação direta de José Carlos Alves dos Santos, chefe da assessoria técnica da Comissão de Orçamento do Congresso, membro ativo da quadrilha e responsável por denunciar os parlamentares.

Ele organizava concorridas reuniões em sua *garçonnière* na capital federal, com lindas mulheres selecionadas para agradar a ilustres convidados. À Justiça, José

Carlos classificou os encontros como "festas de aniversário". Uma CPI instaurada em 1994 investigou 37 políticos por suposto envolvimento nas fraudes dos Anões do Orçamento. O relatório final pediu a cassação de 18 deles, mas só seis perderam o mandato; outros quatro renunciaram.

Ainda nos anos 90, os subterrâneos de Brasília acompanharam uma bola dividida entre um político de renome e um jornalista boa-pinta, ambos no centro de uma aventura amorosa de alto risco – para o repórter. Um dos senadores mais endinheirados do país, casado e várias vezes ocupado também com negócios de futebol, planejava uma armadilha para aquele que se tornara seu rival na disputa por uma beldade local. O parlamentar não queria dividir com ninguém as carícias da jovem de olhos verdes, com a qual agendara uma "parceria" regular nos fins de semana. Ao ser informado que a mocinha também se enveredava para o lado do jornalista, ele agiu rápido.

Convidou-o a um encontro, a pretexto de lhe passar um furo de reportagem – uma denúncia contra um ministro de Itamar. Fez o jornalista entrar em seu carro. O motorista acumulava o papel de segurança e, antes de prosseguir, exibiu uma arma na cintura. Havia outro homem, no assento do carona, também pouco afeito a gentilezas, com uma pochete sobre o colo. O senador e o jornalista ocuparam o banco de trás. Sem ser direto no início da conversa, o anfitrião tergiversava e orientava o motorista sobre o percurso. Aos poucos, deixaram Brasília para trás e circularam por áreas periféricas, estradas de barro, lugares ermos, com poucas residências.

O visitante estranhou. Imaginou que não retornaria do passeio e previu um desfecho trágico. A situação lhe pareceu mais dramática quando o senador mandou parar o carro no meio de um matagal, já no início da noite. Pediu que todos saltassem e, virando-se para o convidado, disse em voz alta:

– Quero que você seja homem e me diga qual a sua relação com Felka *(nome fictício da garota)*.

Ali, havia um ar um tanto sôfrego do senador, observado a poucos metros pelos dois seguranças, condicionados pela liturgia do ofício a não abrir a boca. Apenas aguardavam os desdobramentos do "bate-papo". Acostumado a questionar os entrevistados com inteligência e celeridade, o jornalista decidiu habilmente seguir uma linha de defesa sem brechas para armadilhas:

– Senador, deve estar havendo algum engano. Não tenho absolutamente nada com ela. Desculpe-me, mas o senhor certamente está sendo muito mal-informado.

– Posso acreditar em você? É isso mesmo? – replicou o parlamentar, olhando fixamente para o interlocutor.

– Com certeza. Não existe nada disso.

O diálogo prosseguiu com mais algumas perguntas e considerações, até que o senador respirou fundo e ordenou a seus capangas que entrassem no carro. Em 40 minutos, estacionavam no ponto de partida e a autoridade se despediu do jornalista com um pedido de desculpas. Também prometeu azeitar os dados da denúncia contra o ministro para lhe passar em breve:

– Por favor, que esse nosso encontro fique só entre nós. Eu tenho andado muito atarefado e isso às vezes me estressa. Depois combinamos um almoço, ok? Um abraço, querido.

O tal senador sairia de cena em 2000, em razão de outras atitudes que fugiam ao protocolo do cargo. Foi substituído à altura. Seu suplente, que entrou em campo aos 20 minutos do segundo tempo, destacou-se pela versatilidade e visão do jogo. Ágil e driblador, reunia os colegas no Iate Clube de Brasília, sem a marcação das esposas, de onde zarpavam para festas em seu barco.

Carpas, tilápias e traíras do Lago Paranoá testemunharam os encontros promovidos pelo suplente com mulheres especialmente selecionadas em um cobiçado book rosa. Muitas vezes, os baladeiros varavam a madrugada. Políticos próximos ao novo capitão do time o reverenciavam e havia até lista de espera para as gandaias seguintes. A suíte do barco era cenário para os momentos de puro prazer, com os melhores vinhos e uísques encontrados no Planalto Central, e espaço na medida para tanta gente. Tudo preparado com antecedência, sem a presença de garçons.

Logo na entrada da cabine do barco, os celulares eram recolhidos e guardados numa gaveta, cujo acesso cabia somente ao anfitrião. Dono de um discurso magnânimo, no qual realçava as conquistas dos grandes empreendedores brasileiros, como era o seu caso, o novo senador curtiria as benesses do poder por mais de sete anos, quando desistiu da vida política, para tristeza de correligionários habituados a noites inesquecíveis em seu iate.

Entre o senador e o ex-suplente havia uma autoridade que se sobrepunha aos dois, hierarquicamente, no Distrito Federal e de fácil acesso aos políticos mais importantes da região. Esse novo personagem também quis marcar posição com estripulias e mandou adaptar um cômodo na sede do governo para receber visitas íntimas em horários alternativos. Foi-lhe oferecida então uma suíte, num local onde ele costumava estender seus afazeres em pelo menos dois dias da semana, sem que sua esposa e demais eleitores soubessem como era gastador. As prostitutas de luxo, contratadas por quantias que chegavam a R$ 10 mil por programa, faziam vista grossa para a deselegância daquele senhor, que mais tarde teria seu nome envolvido em escândalos de corrupção.

O bom ali, comentavam as jovens, era que ele não titubeava em sacar envelopes de dinheiro para pagar pelos serviços. E, justiça seja feita, também não exigia nada além do trivial. As moças gostavam de conversar com ele, homem de voz grave, que exaltava a família em entrevistas, e achavam graça toda vez que falava a palavra "catástrofe", tal a dificuldade em pronunciá-la corretamente.

– Catástrofre, catrástrofre, catrástofre – repetiam, às gargalhadas, entre elas.

Os anos se passaram e o fantasma da cassação começou a assombrar esse personagem, em razão de uma série de denúncias de uso indevido de dinheiro público. Ele, porém, preferiu sair de fininho pela porta dos fundos: renunciou ao cargo, evitando assim uma catástrofe maior – a perda dos direitos políticos.

CAPÍTULO 11
Barraco no Congresso

"Eu adoro mulher, mas as mulheres de hoje estão ordinárias, sem categoria. São mulheres que perderam a referência da dignidade. Mulheres que trabalham deitadas e descansam em pé". Após essas declarações em 24 de abril de 2007, o apresentador de TV e deputado federal Clodovil Hernandes (PTC-SP) provocou forte reação e rebuliço na Câmara ao bater boca, no plenário, com a deputada Cida Diogo (PT-RJ).

Informado de que a deputada já dispunha de 85 assinaturas para encaminhar uma representação contra ele por quebra de decoro, Clodovil foi procurá-la. Não conseguiu, porém, demovê-la: os dois travaram uma nova e áspera discussão. Em 9 de maio, no pingue-pongue de ataques fortes e nada amistosos, Clodovil foi na jugular de Cida:

– Eu tinha falado em mulheres ordinárias, mas bonitas. Não se preocupe. Não foi pra você que eu mandei aquele recado. Até porque, no seu caso, você não serve nem para ser prostituta.

A ofensiva de Clodovil criou mais do que mal-estar na sessão presidida interinamente por Inocêncio de Oliveira (PR-PE). Aos prantos, Cida interrompeu a fala de colegas, aproximou-se da Mesa e desabou em soluços.

– Presidente, o Clo-do-vil, o Clo-do-vil... – ela repetia, sem condições de completar a frase.

– O que houve, querida? – espantou-se Inocêncio, olhando para um lado e para o outro em busca de alguma explicação.

Ele achou melhor fazer uma pausa.

– A presidência suspende a sessão por cinco minutos para atender à nobre deputada.

Cercada por quase duas dezenas de parlamentares, a maioria mulheres atônitas e sem saber o que se passava, Cida Diogo continuava gaguejando, ofegante. De nada adiantou o copo de água com açúcar, providenciado por seguranças. Ao retomar o microfone, Inocêncio comunicou ao plenário.

– Primeira decisão é que a deputada Cida Diogo está passando mal. Eu pediria a alguns funcionários e parlamentares que a acompanhassem à emergência da Casa. A segunda decisão é que a presidência não vai aceitar agressões de qualquer natureza.

Pouco depois de ouvir o desabafo de Cida, a deputada Maria do Rosário (PT-RS) cruzou com Clodovil e avançou sobre ele com olhos em chamas:

– Cai fora daqui, seu nojento!

Com ar blasé, Clodovil se levantou para ir ao café e foi cercado por jornalistas. Embora tentasse disfarçar e minimizar o incidente, ele acusou o golpe: teve um pico de pressão. Sufocado com a sequência de perguntas, tentou se defender:

— Digamos que uma moça bonita se ofendesse porque ela, sim, pode se prostituir. Não é o seu caso, eu disse para ela. A senhora é uma mulher feia. Eu tenho culpa de ela ser feia, gente?

Enquanto Clodovil tentava justificar o injustificável, Inocêncio e outros tantos deputados e deputadas continuavam ao lado de Cida, com expressão de revolta, de inconformidade e de surpresa com tudo aquilo. Ainda sob o bombardeio dos questionamentos por sua atitude, Clodovil manteve argumentos e pose.

— Eu já ouvi inúmeras vezes que era feio. Eu me matei por isso? Não, tratei de fazer plástica. Não precisava desse escândalo todo.

Dois dias depois, o líder do PT, deputado Luiz Sérgio (RJ), protocolou na presidência da Câmara uma representação contra Clodovil, em que criticava duramente a manifestação preconceituosa do apresentador. A própria Cida Diogo obteve cem assinaturas de seus pares para fazer o mesmo. O caso, porém, não teve nenhuma consequência para Clodovil, que desdenhava:

— As pessoas estão muito estressadas. É muito melindre para o meu gosto.

No calor da polêmica, Clodovil considerou um despropósito a iniciativa da deputada de coletar assinaturas para puni-lo. Numa das conversas com jornalistas, recorreu a uma expressão popular:

— Não sou de levar desaforo para casa. Isso só ocorreu uma única vez na minha vida. Mas partiu de uma deusa, a Dercy *(Gonçalves)*. Ela podia tudo. Até se sentiria envaidecida se fosse comparada a uma prostituta.

Clodovil referia-se a um episódio em seu programa na TV Gazeta, ocorrido em 2002. Ao receber a já veterana comediante, num gesto cavalheiresco e simpático, ofereceu-lhe um buquê de flores vermelhas.

– Dercy, eu vou te dar flores.

– Você vai me dar flores? Puta que pariu! Eu tenho ódio de flor!

Em silêncio e estático por alguns segundos, segurando o buquê, sob o impacto da franqueza ao vivo da convidada, Clodovil teve um *insight* oportuno.

– Você tem ódio de flores? Por quê? – retrucou, com a voz pausada.

– Claro, fede a defunto.

– Mas o gesto não vale nada, Dercy?

– As palavras é que valem. Você se ofendeu?

– Não, com você não. Mas, se outra pessoa me fizer isso, eu pulo no pescoço.

A entrevista prosseguiu e, na sua fala de encerramento, Clodovil agradeceu a Silvio Santos, do SBT, por ter permitido a participação de Dercy num programa de outro canal. Antes que finalizasse, foi interrompido pela atriz:

– Mas o Silvio Santos me permite ir a qualquer lugar. Estou aposentada. Ele me afastou. *(Ele)* Pensa de mim assim: "Coitadinha, ela tá velha". Não me chama pra nada. Eu fico puta da vida com isso.

Há décadas o tema da prostituição constava do repertório de Clodovil. Em 1978, ele saiu vencedor no Programa "8 ou 800", da TV Globo, em que respondia perguntas sobre a vida de Dona Beja, a famosa prostituta de Araxá. Logo após o imbróglio com a deputada Cida Diogo, Clodovil criticou a vida na política e se declarou desiludido: pretendia abandonar sua curta carreira. Ele morreu em 17 de março de 2009, em pleno mandato.

* * *

Embora a prostituição em Brasília tenha vários significados, com inúmeros exemplos de dinheiro escoando por dutos dos cofres públicos para financiar esbórnias individuais ou coletivas, quem ainda é vista com reserva em todo esse contexto é a prostituta. O estigma do termo, sinônimo de rapariga, meretriz, rameira, entre outros, evidencia-se por embates entre parlamentares.

O incidente no Congresso com Clodovil reforçou o preconceito às mulheres que se prostituem. A própria deputada Cida Diogo, atingida pelo colega, de alguma forma, potencializou a questão. A carga negativa que a palavra contém, aliás, motivou uma especialista no ofício a se engajar numa cruzada pelo respeito à prostituição. Líder de movimentos iniciados nos anos 80 pela regulamentação da atividade, Gabriela Leite candidatou-se à Câmara Federal em 2010, pelo PV do Rio de Janeiro. Não foi eleita. Com o slogan "Pela legalização da profissão", obteve 1.229 votos.

O documentário "Um beijo para Gabriela", de Laura Murray (2013), registra o flagrante de um telefonema da mãe da ativista, dona Matilde, assim que as urnas negaram a cadeira no parlamento à filha. Emocionada, Gabriela faz um resumo da conversa: "Minha mãe sabe que sou prostituta assumida. Ela me disse: 'Eu só te liguei pra te dizer que estou com você, você é minha filha'. Gente, minha mãe é indígena, é analfabeta".

Durante a campanha, num discurso na Câmara Municipal do Rio, Gabriela surpreendeu os vereadores pela contundência de suas ideias e a facilidade com que se expressava.

– Eu gosto muito da palavra "puta" e quero que um dia essa palavra se torne bonita.

CAPÍTULO 12
Uma puta candidata

Autora do livro "Filha, mãe, avó e puta", Gabriela Leite não se tornou deputada, mas talvez tenha alcançado um posto maior do que sonhara, reconhecida como referência na luta pelos direitos das mulheres e por trazer um novo olhar da mídia às prostitutas. A jovem – que na década de 70 abandonou a faculdade de filosofia, na USP, para se tornar prostituta – ganhou destaque em jornais e revistas em 2005, ao criar a Daspu, grife cujo nome irreverente parodiava o da marca Daslu, consagrada no mercado de luxo paulista.

Notabilizada como a vitrine da ostentação no Brasil, a Daslu ficou famosa também por atrair clientes do mundo político – Antônio Carlos Magalhães, José Serra, Geraldo Alckmin, Aécio Neves, Marta Suplicy, entre outros. Em 2005, esteve no centro de uma investigação da Polícia Federal, na qual seus donos foram acusados de obter produtos importados por meio de fraudes que incluíam falsificação de documentos e de faturas.

Já as roupas da Daspu, exibidas em desfiles de prostitutas, chegaram a ser até exportadas para Alemanha, Suíça e Holanda. Sem pudor de mostrar rostos e corpos, prostitutas abraçaram a ideia e figuraram no catálogo como modelos da Daspu, convidadas para eventos e seminários por todo o país. Gabriela Leite não escondia sua atividade. Ao contrário. Isso, porém, lhe trouxe situações embaraçosas. Menos por ela, e mais pelas filhas e netas. "Uma vez, estava no aniversário de uma neta, com aqueles casais todos conversando. Uma hora me perguntaram: 'O que você faz?'. Eu respondi: 'Sou puta aposentada'. Minha filha ficou desesperada, com raiva, mas é que para mim já é tão normal falar isso...", contou, em entrevista à "Folha de S.Paulo", em 1º de abril de 2009.

Em Brasília, para onde se bandeava disposta também a conseguir programas rentáveis, Gabriela reunia informalmente outras garotas de programa que paravam para ouvi-la, tal a sua liderança. Numa noite, jantava com duas amigas num hotel, antes de seguir para uma casa de shows. Uma delas, Lourdes, mais atenta ao movimento ao redor, alertou-as de que numa mesa próxima estava um deputado federal do Norte, famoso pelas falcatruas. Combinaram se vingar dele.

Ao perceber o interesse aparente do trio, o deputado as convidou para a sua mesa. A primeira parte da estratégia já estava consumada. Em pouco tempo, enxugaram o equivalente a três garrafas de uísque, comeram do bom e do melhor e deixaram o parlamentar sem condições de se levantar sozinho. Obviamente, ele pagou a conta e não conseguiu seduzir aquela que o atraía com joguinhos insinuantes, a gaúcha Tina, a mais bonita das três.

– Ele ficava me beliscando. Estava se achando. Ladrão safado! – reagiria Tina mais tarde, lembrando da noite.

Entre os que interagiam com as ideias de Gabriela e de seu grupo, havia gente da Igreja ligada a pastorais. Frei Leonardo Boff, que pregava a chamada Teologia da Libertação, foi o primeiro que a cativou, como relata a ativista no livro "Eu, mulher da vida" (Editora Record, 1992): "Boff ia me procurar na zona para tomar cerveja. O povo do PT católico começou a me procurar. Me levaram para o partido, para os comícios, os seminários, os botequins".

Em sua autobiografia, Gabriela rechaça com veemência o rótulo de ex-prostituta. Por sua determinação e avanços alcançados pelo menos nas discussões sobre o papel da prostituta no país, ela não queria ser tratada como alguém que se vinculasse ao ofício somente pelo seu passado: "Ex-prostituta eu não sou e nunca vou ser. Como um arquiteto nunca deixa de ser um arquiteto, um médico nunca deixa de ser um médico. Mesmo trabalhando em outra atividade, sempre vou ser prostituta".

Gabriela Leite se empenhou em lutar contra o estigma da atividade exercida por milhares de mulheres no Brasil. Num congresso latino-americano sobre aids, em Buenos Aires, em 2007, foi informada previamente que alguns termos, como prostituta, estavam vetados nas palestras. Ao lado de representantes da ONU e de outras instituições de várias partes do mundo, ela teria alguns minutos para falar do lançamento da Daspu e de seu trabalho de prevenção à aids no Brasil.

Pouco antes de começar, a coordenadora da mesa lhe perguntou:

– Como eu lhe apresento, Gabriela?

A ativista sabia que seria censurada, mas se manteve firme:

– Diga que sou da coordenação nacional da Rede Brasileira de Prostitutas.

Terceira a receber o microfone, ela foi apresentada em espanhol como "uma liderança muito importante da América Latina e coordenadora da Rede Brasileira de Trabalhadoras do Sexo". Ao tomar a palavra, mais uma vez optou pelo desafio:

– Estou muito feliz de estar aqui, mas queria fazer uma correção à minha colega. Queria dizer que o nome da nossa rede é Rede Brasileira de Prostitutas e que nós gostamos que seja chamada dessa maneira. Gostamos muito de ser chamadas de prostitutas.

A influência de Gabriela na política ficou evidente quando, em 2002, o deputado federal Fernando Gabeira (PT-RJ) apresentou o projeto de lei de regulamentação da profissão, com uma série de direitos às prostitutas. Incluiu no texto a obrigatoriedade do pagamento por serviços de natureza sexual e pretendia revogar os crimes de favorecimento da prostituição e de exploração de casas de tolerância, previstos no Código Penal. Mas a Câmara Federal vetou a proposta. Muitos no plenário tratavam do assunto como piada.

Uma dessas vozes dissonantes, também deputado federal, passou por maus momentos ainda naquele ano de 2002, exatamente por sua relação com uma garota de programa. Por descuido, esqueceu de jogar fora, ou simplesmente de tirar do bolso do paletó, a nota fiscal referente à estadia numa suíte do Brasília Palace Hotel, à beira do Lago Paranoá, no Setor Norte, onde já se hospedaram os príncipes Takahito Mikasa, do Japão, e Bernhard Lippe-Biesterfeld, da Holanda.

Em casa, ao separar a roupa que seria enviada à lavanderia, a mulher dele foi verificar que papel era aquele. Achou estranho o valor impresso e decidiu telefonar para o Brasília Palace, pedindo que lhe abrissem os dados do ex-hóspede. Em vão. Até que teve um estalo. Esperou alguns minutos e telefonou novamente. Perguntou o preço das diárias de solteiro e de casado. Como os valores eram altíssimos, concluiu que ele não ficou sozinho no quarto. Mas não reclamou até que o deputado voltasse de Brasília. Quando ele desembarcou no Rio, ouviu cobras e lagartos ali mesmo, no aeroporto. A crise de ciúme tinha um agravante. Por uma única noite, com fartura de champanhe Moët & Chandon, a conta do hotel passou dos R$ 12 mil.

CAPÍTULO 13
Prostituição na agenda política

Nos anos 2000, a prostituição se manteve na pauta política e, no rastro da proposta de Fernando Gabeira, os deputados Elimar Máximo Damasceno (Prona-SP) e João Campos (PSDB-GO) também apresentaram em 2003 e 2011 projetos sobre a questão. Mas suas ideias colidiam com as do predecessor. Eles propunham criminalizar a contratação dos serviços sexuais, ou seja, o cliente teria que pagar duas vezes: a quem lhes fizesse companhia e à Justiça.

O projeto de Damasceno foi arquivado em 2007 e o de Campos não avançou. Assim como o de Jean Wyllys (PSOL-RJ), levado à Câmara em 2012 e que guardava semelhanças com o de Gabeira. Wyllys batizou o seu de Projeto Gabriela Leite, em homenagem à ativista que viria a morrer de câncer em outubro de 2013, aos 62 anos; previa contribuição ao INSS e aposentadoria especial após 25 anos de atividade a toda pessoa que, voluntariamente, prestasse serviços sexuais mediante remuneração.

Quatro décadas antes, o deputado Roberto Carvalho (MDB-SP) tentara, sem sucesso, a regulamentação da atividade. Em 1975, numa de suas propostas mais controversas, ele defendia a delimitação da área em que a prostituição poderia ser exercida nas cidades. O político propunha o confinamento "não das prostitutas e sim do comércio do sexo" para prevenir doenças e afastar os cafetões do negócio. No seu texto, como mais tarde no de Gabeira e Wyllys, ele já sugeria o recolhimento de contribuições das prostitutas à Previdência.

O Senado também se manifestaria. Uma comissão criada para tratar da reforma do Código Penal, em 2012, listava, entre outros itens, o fim de punições para donos de prostíbulos. A discussão novamente não avançou. Questionava-se a capacidade do Estado em controlar o recolhimento de impostos dos estabelecimentos – considerando-se que os clientes dificilmente aceitariam receber nota fiscal pelos serviços prestados.

Esse histórico demonstra a dificuldade do Legislativo em romper fronteiras e lidar com a questão. Um dos últimos discursos de Jean Wyllys antes de renunciar ao mandato, em janeiro de 2019, tratava do tema. Aliás, foi de Wyllys outra declaração polêmica: em 15 de janeiro de 2013, numa entrevista ao Portal IG, ele afirmou que "60% dos parlamentares saem com prostitutas". A bancada evangélica do Congresso reagiu, outros tantos deputados e senadores também protestaram. Houve ainda os que reclamaram com o deputado por mensagens de aplicativos, de forma mais discreta.

– A Lucinha leu a entrevista e passou a pegar no meu pé – queixou-se um deles, irritado com a publicidade dada ao tema e sem saber como explicar a história para sua esposa.

Dias depois, Wyllys se justificou:

– É óbvio que a referência a 60% queria dizer a maioria, e que essa percepção de que boa parte dos homens já recorreu a serviços de prostitutas é fruto da realidade que vemos todos os dias, das conversas que ouvimos, da literatura que lemos...

CAPÍTULO 14
Orgias com dinheiro público

O número de escândalos sexuais envolvendo gente poderosa cresceu nos últimos anos, em sintonia com o despudor do uso de dinheiro público também em festas que corriam (e correm) soltas por tudo que é canto. O assunto é chamativo, mesmo quando os custos são de ordem privada. Escândalo sempre foi escândalo e, por definição, sempre será. Se quem morde a isca é um ministro de Estado, então a repercussão é inevitável.

Em outubro de 2005, no primeiro mandato de Lula, uma acusação balançou o ministro do Trabalho, Luiz Marinho. Seu nome foi pronunciado mais de uma vez pelo ex-gerente de recursos humanos da Volkswagen na Alemanha, Klaus-Joachim Gebauer, como um dos protagonistas de uma noitada germânica promovida pela empresa. Numa entrevista ao jornal alemão "Die Welt", o ex-diretor da montadora disse que Marinho fora contemplado com uma festa com prostitutas na cidade de Wolfsburg, numa viagem de trabalho em 2001 – na época, ele presidia o Sindicato dos Metalúrgicos do ABC – em que tentaria negociar a readmissão de três mil funcionários na fábrica de São Bernardo do Campo.

Marinho negou tudo, mas o estrago já se impunha com uma notícia de destaque na primeira página da edição de 21 de outubro de 2005 da "Folha de S.Paulo". De todo modo, há um atenuante: a tal festa teria ocorrido antes que ele se tornasse ministro. Além disso, Gebauer gozava de credibilidade duvidosa: fora demitido da Volks, acusado de desvio de dinheiro em conluio com uma rede de empresas-fantasma, e de ser o organizador dos momentos de lazer nas viagens de executivos da montadora e de representantes de trabalhadores. Suas declarações, no entanto, foram juramentadas.

Aquele período provocou mais dores de cabeça ao governo federal. O problema de Marinho era de baixa voltagem se comparado à tensão gerada pela cafetina Jeany Mary Corner em Brasília. Ela já havia sido apresentada pelo noticiário em 4 de agosto de 2005 por suposta parceria com o publicitário Marcos Valério, a quem teria oferecido os serviços de garotas de programa para orgias com parlamentares e dirigentes partidários. A denúncia partira do senador Demóstenes Torres (PFL-GO), então símbolo da moralidade – mas que seria cassado em julho de 2012, acusado de representar no Congresso os interesses do contraventor Carlinhos Cachoeira.

Durante uma sessão da CPI dos Correios, Demóstenes citou o empresário Ricardo Machado como o elo entre Valério e Jeany para abastecer de convidadas especiais as festas em Brasília – não confundir com aquelas atribuídas a Palocci e a seus amigos, que viriam à tona só no ano seguinte. A menção do senador levou a Polícia Federal a convocar Machado. Em seu depoimento, ele revelou que

Jeany produziu dois inesquecíveis eventos para convidados de Marcos Valério: um em 9 de setembro de 2003 e outro em 5 de novembro do mesmo ano, ambos no luxuoso Hotel Grand Bittar, no Setor Sul de Brasília.

Entre os participantes, estariam beneficiários de repasses de empresas de Valério (condenado em 2012 a 40 anos de prisão por crimes de corrupção, pena reduzida depois para 37 anos). O planejamento da primeira festa, a de 9 de setembro, contou com um rigoroso critério de seleção. Na véspera, Ricardo Machado e Jeany jantaram em companhia de oito das mais belas mulheres da cidade e ele escolheu seis, após ouvi-las atentamente e checar manequim, comportamento e etiqueta de cada uma. No encontro, o empresário fez um alerta, como relata o jornalista Xico Sá, em reportagem publicada na revista "Trip", em setembro de 2005:

– Vocês vão lidar com grandes autoridades da República, não podem ser vulgares.

À Polícia Federal, no entanto, Machado não soube dizer se o sexteto compareceu ao Hotel Grand Bittar.

– O Valério era o encarregado de fazer o acerto final – afirmou.

Embora hospedado no local em ambas as ocasiões, Ricardo Machado reiterou não ter participado de nenhuma das festas, cujos valores ficaram em R$ 47 mil (daria para comprar na época três automóveis Gol G3 zero quilômetro), quantia que teria sido paga por uma empresa mantida em sociedade com Valério. Em entrevista ao "Jornal Nacional", em 17 de agosto de 2005, Jeany confirmou a realização de pelo menos um dos dois eventos no Grand Bittar, mas pareceu fazer pouco caso das recepcionistas e tirou o corpo fora:

– Essa festa houve *(a de novembro)*. Vieram essas meninas de São Paulo, mas essa recepção não foi feita por mim.

Festa, orgia, noitada ou "recepção", como prefere Jeany Mary, são sinônimos de um mesmo evento. No Grand Bittar, em ambas as ocasiões, foram ocupados dezenas de quartos e a suíte top, com hidromassagem, sofá e poltrona aveludados, cama king size, varanda e um frigobar abastecido de champanhes e vinhos caros. Havia uma orientação da gerência para que os funcionários circulassem com discrição ao atender chamados nas suítes.

Em 11 de agosto de 2005, o "Jornal do Brasil" exibiu faturas de alguns dos farristas nos dois encontros no Grand Bittar. Na festa de setembro de 2003, houve o consumo de nove champanhes Veuve Clicquot (ao custo de R$ 2.250), dois uísques Johnnie Walker Black Label 12 anos e outros 17 uísques Swing 15 anos. Além disso, no lobby bar, políticos hospedados na cota de Ricardo Machado pediram 21 energéticos para o "evento", que contou com um ascensorista exclusivo, garçom, maître, bufê e, claro, o serviço das garotas. Com a reserva dos apartamentos do 15º andar, incluindo a suíte presidencial, as despesas somaram cerca de R$ 22 mil.

Já a orgia de novembro de 2003 foi bem mais incrementada e contou até com show de dupla sertaneja, bufê para 40 pessoas, decoração de aniversário, carnaval na suíte presidencial e reserva de três andares (14º, 15º e 16º) para os foliões. Cada um deles recebeu uma máscara para transitar pelo ambiente com as belas e jovens mulheres, sem que fossem identificados. Mas, no afã de aproveitar cada minuto, a distribuição do adorno acabou esquecida. Os gastos somaram aproximadamente R$ 25 mil, com hospedagem e consumo de 16 espumantes Chandon, três vinhos Las Hormigas Malbec e três uísques Black Label, além de 40 pratos de camarão chileno com risoto de funghi e outros dez de salmão oriental.

Mas o ponto alto do evento, segundo um dos participantes, foi o trenzinho que percorreu os três andares e ia parando de porta em porta, com os casais de ocasião convocando outros hóspedes da gandaia a embarcarem no comboio. A estação terminal, claro, ficou completamente lotada.

CAPÍTULO 15
A dona do negócio

Jeany Mary Corner nasceu em 1960 em Crato, no Ceará, terra de Padre Cícero, ou Padim Ciço, de quem era devota e cultuava com velas aos sábados e domingos, e em romarias anuais. Ela passou a adolescência em Lavras da Mangabeira, no mesmo estado. Expulsa de casa pelos pais, católicos fervorosos, depois de conquistar fama de namoradeira e ser flagrada aos beijos com um primo, seguiu para o Rio, onde trabalhou como empregada doméstica e rodomoça – função que se assemelhava à das comissárias de bordo, só que em viagens de ônibus leito.

Achava pouco. Era ambiciosa e ousada. Nos anos 80, partiu para São Paulo e sua vida ganhou um novo rumo: foi levada por uma amiga para trabalhar em feiras do Anhembi, o principal centro de convenções da cidade. Começou como recepcionista, mas logo se interessou pelo ofício dos agenciadores, que circulavam por seminários e congressos.

O passo seguinte foi criar uma "empresa de eventos". Já possuía o cadastro de muitas jovens – várias delas cooptadas no Anhembi – e sabia do potencial do negócio envolvendo acompanhantes de luxo. A faculdade de cafetinagem só estava começando e entendeu rápido que, para conseguir um bom dinheiro, precisava mirar num público mais seleto e sofisticado. Em 1990, mudou-se para Brasília. Em pouco tempo, montou uma estrutura profissional, com gente especializada no transporte das moças, sublocação de automóveis e administração de sites.

As meninas chegavam a ela por indicação de amigas e de gente do ramo. Mas Jeany Mary, cujo nome de batismo é Jeany Gomes da Silva, não poupava esforços e viajava, quando era o caso, para conferir *in loco* as qualidades da pretendente. Analisava as medidas, a linguagem – se cometessem erros grosseiros de concordância eram reprovadas – e valorizava, sobretudo, delicadeza nos gestos e poder de sedução.

Sua fama em Brasília se espalhava pelas clínicas de beleza e estética. Garotas de programas de luxo sonhavam fazer parte do *cast* de Jeany. Algumas enviavam books para ela em caixinhas enfeitadas com laços coloridos. Jeany chegou a agenciar 200 moças e o serviço ganhou dimensão nacional – políticos e empresários de todas as regiões do país recorriam a ela. Seu prestígio crescia vertiginosamente no meio parlamentar e já havia quem a tratasse como a "primeira-dama" do país, tal sua capacidade de resolver demandas de políticos em curtíssimo prazo. Para o público externo, principalmente em conversas com quem não conhecia ao certo sua atividade, ela dispunha de um discurso pronto: "Forneço meninas para eventos. O que elas fazem depois é problema delas".

Jeany era alvo de investigações da Polícia Civil do Distrito Federal desde 2003, por suspeita de aliciamento de mulheres para a prostituição de luxo, incluindo menores, e por ter políticos entre seus clientes. Outra frente também foi aberta pelo Ministério Público, após denúncias de que o deputado distrital Pedro Passos (PMDB) contratou os serviços de Jeany para animar uma festa na campanha pela reeleição do governador do Distrito Federal, Joaquim Roriz (PMDB), em 2002.

Por essa acusação, ela seria presa em dezembro de 2013 e solta logo em seguida. No Brasil, prostituir-se não configura ato ilícito, diferentemente de quem se beneficia explorando a prostituição. O grupo do qual Pedro Passos faria parte usava uma mansão no Park Way, em Brasília, para gandaias com garotas agenciadas pelas principais cafetinas da capital – havia mais três concorrentes no negócio. A ação da polícia frustrou políticos e empresários que tinham agendado uma festa no sábado seguinte. Os investigadores levantaram o nome de pelo menos um deputado federal, do Nordeste, que frequentava as baladas no Park Way. Havia indícios, nada mais do que indícios, de que a diversão era paga com dinheiro público.

Ainda em 2013, Jeany esteve envolvida em outro imbróglio. Uma operação da Polícia Federal descobriu que garotas de programa atuavam para aliciar prefeitos e convencê-los a desviar recursos milionários de fundos de pensão. De acordo com as apurações, a cafetina estaria por trás dessas manobras, mas nada foi provado.

Jeany transitava com desenvoltura de um polo a outro. Tinha clientes de esquerda, de direita e do centro, e se orgulhava disso. Admiradora de Fernando Collor e fã de Fernando Henrique Cardoso, com quem se encontrou numa festa da alta sociedade de Brasília, ela decidira anos antes, em 2006, não mais falar à imprensa. Com várias pendências na Justiça, queria se dedicar à sua defesa e à promoção de novos eventos.

Jeany Mary Corner também esteve envolvida nas investigações da Operação Harém, da Polícia Federal, deflagrada em 31 de julho de 2009, que buscava desvendar uma rede de prostituição de luxo no Brasil, incluindo tráfico internacional de mulheres. A ação da PF, com suas diligências e informações sobre o esquema, é retratada no livro-reportagem "Operação Harém – O mundo secreto da prostituição de luxo", do jornalista Tony Chastinet (Editora Nacional, 2015). O autor optou por usar nomes fictícios e as histórias mais eletrizantes são sobre o Poder, assim mesmo, com "P" maiúsculo. Governadores, ministros, senadores, deputados, entre outros, surgem em grampos autorizados pela Justiça em situações delicadas, enfeitiçados por acompanhantes de luxo. Os policiais, no entanto, ficaram hesitantes em dar sequência ao trabalho. O temor era de represália, com transferência para bem longe de casa por investigar nomes influentes da política nacional.

A Operação Harém não teve boa cobertura da imprensa, com apenas uma ou outra informação sobre as ações da Federal. A principal linha de investigação recaía sobre outra cafetina, com boas ramificações em Brasília. Seria quase uma antecessora de Jeany, e não menos reverenciada do que ela. As duas chegaram a se ajudar, uma recorrendo aos serviços da outra quando havia necessidade.

A Harém produziu 11 volumes de inquérito, milhares de horas de gravação, além de vídeos e fotos. Resultou em 15 prisões e serviu de ensaio para futuras investidas da própria Polícia Federal e do Ministério Público no combate à exploração sexual e ao tráfico de mulheres. Mas sempre que conversas grampeadas flagravam autoridades importantes na rede de prostituição, o clima entre os investigadores da PF se tornava tenso. "Qualquer falha ou vazamento, vamos todos trabalhar na divisa com a Venezuela", alertava o chefe da equipe, segundo o livro de Tony Chastinet.

Houve um tanto de incerteza, por exemplo, quando os policiais se certificaram de uma festa, em Santa Catarina, com a presença de 20 prostitutas. O evento reunia boa parte dos integrantes do Tribunal de Justiça local, com produção assinada pela tal cafetina mais experiente. No rastro da investigação, que poderia resultar numa Lava Toga do sexo, descobriu-se que um lobista e um empresário contrataram 70 mulheres e as hospedaram em um hotel em Curitiba, onde se realizava um encontro nacional de magistrados.

Graças à invasão das garotas de programa, os temas em pauta foram subjugados pelos homens da Justiça. Eram muitas moças em todos os locais do hotel – no hall, no restaurante, no café, nos corredores, ao redor da piscina, sempre insinuantes e com roupas sensuais. "A enorme movimentação de jovens no hotel e a natural bagunça em que se transformou o evento chamaram a atenção das autoridades, que logo souberam tratar-se das meninas da cafetina", escreve o jornalista.

Numa outra fase da Operação Harém, os policiais interceptaram conversas do secretário particular de um governador do Nordeste com a cafetina, a mais visada nas investigações, para agendar um encontro com uma de suas meninas. Discutiu-se a possibilidade de monitoramento do programa, ideia que acabou rechaçada por superiores. O receio era de que a imprensa tivesse acesso ao flagrante e a bomba estourasse nas mãos do responsável pela operação. A orientação foi a de apenas reunir provas contra a cafetina e deixar o cliente em paz – ele não era alvo da investigação.

Como os grampos revelavam uma rede de peixes graúdos e outros de menor envergadura, os responsáveis pela Harém sofreram pressão para acelerar o fim da operação. Vários políticos caíram na escuta, entre eles, um ministro de Estado que queria contratar os serviços de uma atriz que despontava na TV naquele ano de 2009. A passagem aérea seria providenciada por um dos seus assessores. A mesma cafetina, antecessora de Jeany, alertou que o passe da moça estava valorizado por ela ter posado para uma revista masculina. Por isso, disse, o programa não sairia por menos de R$ 10 mil.

– Dinheiro não é problema – ela ouviu, do outro lado da linha.

A cafetina entrou em contato com a atriz e revelou o teor da conversa com o ministro, dando ênfase à frase em que o cliente desdenhava do preço do programa. A reação da moça, grampeada por tabela, foi contundente:

– Sei quem é. Ele é aquele que está envolvido naquele escândalo, naquela roubalheira toda. Só vou fazer porque você já me ajudou muito. No caso, vou fazer por R$ 20 mil e só por uma noite. E tem mais uma coisa: quero ir de jatinho.

Depois de uma nova negociação entre a cafetina e o gabinete do ministro, as exigências foram atendidas. Na data acertada, a jovem atriz foi ao hangar da companhia de táxi aéreo do Aeroporto de Congonhas, em São Paulo. Ao desembarcar em Brasília, um motorista a aguardava na pista para levá-la ao hotel, onde entrou pela garagem, sem fazer check-in.

A cada descoberta envolvendo nomes do primeiro escalão da política, aumentava a pressão sobre a Operação Harém. Em situações assim, tudo ali funcionava em cadeia: as investigações a cargo dos policiais eram transmitidas para os superiores numa sequência hierárquica – chefe, diretor, superintendente, aportando, muito provavelmente, no gabinete do ministro da Justiça.

Havia também fatos (e fotos) risíveis que ajudavam os policiais a descontrair diante do rigor da investigação. Naquele período, em 2009, circulava pelas salas da PF em Brasília e em gabinetes de parlamentares da capital a foto de um político baixinho e barrigudo, de um dos partidos da base do governo Lula, sem roupa, acendendo um charuto com uma nota de cem dólares. O flagrante teria sido feito pelo celular da prostituta que o acompanhava. A PF negou de pés juntos a existência da foto, mas repórteres asseguravam tê-la visto.

CAPÍTULO 16
Renan Calheiros no paraíso

"Ele usa cueca maneira" foi a frase que divertiu o público em 2007, repetida algumas vezes pela prostituta Bebel, interpretada por Camila Pitanga em "Paraíso tropical", da TV Globo. Escrita por Gilberto Braga e Ricardo Linhares, a novela fazia uma paródia de um rumoroso caso extraconjugal do senador Renan Calheiros (PMDB-AL). Ele teve uma filha com a jornalista Mônica Veloso, o que seria corriqueiro até, não fosse a revelação da "Veja", em maio de 2007, de que a pensão da menina era paga por um empreiteiro, em troca de emendas. Em lugar nenhum, especialmente em Brasília, há jantar ou almoço grátis. As acusações custaram um processo no Conselho de Ética do Senado.

A Procuradoria-Geral da República apresentou denúncia contra Renan em 2013. Apesar de Mônica ressaltar que o romance nunca foi escondido, o senador negou o envolvimento com a jornalista, assim como eventuais acordos com lobistas.

Para lapidar seu papel em "Paraíso tropical", Camila Pitanga visitou o local de trabalho de prostitutas no Rio e recebeu apoio delas. Bebel inspiraria, inclusive, uma coleção da grife Daspu, batizada de Copa Sacana, em alusão a Copacabana, cenário principal da novela.

No último capítulo de "Paraíso tropical", dirigida por Dennis Carvalho, Bebel é convocada a depor numa CPI, suspeita de ser "laranja" do senador. Sem muita noção do que lhe espera, ela transforma a sessão num espetáculo. Responde a perguntas de senadores da oposição com ironia e aproveita para anunciar que posará nua numa revista masculina: "Mas olha, excelências, vai ser nu artístico, tá? Até porque meu sonho é ser apresentadora de TV".

A referência a Mônica Veloso está explícita na fala de Bebel. Na vida real, a jornalista posou para a "Playboy" em outubro de 2007, pouco depois de ter seu nome associado ao de Renan Calheiros. Ela sempre se disse apaixonada pela função de apresentadora de telejornais. A exibição do último capítulo de "Paraíso tropical", em 28 de setembro de 2007, parou o país e despertou em especial a atenção da classe política, mesmo que a maioria já imaginasse o desfecho da trama.

Fã de "Roque Santeiro" (sucesso da TV Globo nos anos 80), Renan nunca disse se assistiu ao encerramento da novela. Dias depois, num encontro com jornalistas no Congresso, perguntaram-lhe sobre o assunto. Com ar de desdém, o senador manteve a pose. Primeiro, fez um gesto de que não tinha ouvido o que lhe perguntaram. Depois, em voz baixa, e já caminhando em direção ao elevador, deu uma resposta rápida:

– Acho normal. É ficção, assim como são ficção as denúncias contra mim.

Esse, porém, não foi o entendimento do Supremo Tribunal Federal, em sessão realizada em 1º de dezembro de 2016. Por 8 votos a 3, o STF acolheu os argumentos da Procuradoria-Geral da República e, por crime de peculato, tornou Renan Calheiros réu. Ele soube da decisão quando estava em seu gabinete, na presidência do Senado. Aos mais íntimos, teria confidenciado que a personagem da prostituta Bebel prejudicou a sua defesa.

Já no plenário do Senado e da Câmara, havia uma divisão quanto ao rumo dado à personagem de Camila Pitanga no derradeiro capítulo. Para os aliados de Renan, a cena da presença de Bebel na CPI produziu efeitos negativos à imagem do senador. Já entre seus oponentes, o comentário era o de que Renan poderia escapar de denúncias, acusações e escândalos. Mas de Bebel, jamais. Tornara-se refém da personagem.

* * *

Enquanto o senador alagoano contava os dias para que "Paraíso tropical" caísse no esquecimento, outra novela, agora real, mexia com os nervos de mais uma figura de destaque no cenário político: o vice José Alencar, aliado e amigo de todas as horas do presidente Lula. Com doses diárias de tranquilizantes e remédios para controle de hipertensão, ele toureava a repercussão em torno do aparecimento de uma filha de uma relação antiga, quando já era noivo de sua futura esposa, Mariza, e iniciava sua trajetória de sucesso como empresário em Caratinga, no interior de Minas Gerais.

A professora Rosemary de Morais entrou com uma ação na Justiça em 2001 pedindo o reconhecimento de paternidade de Alencar. Ele fez de tudo para desmenti-la. Em 2008, o Tribunal de Justiça de Minas Gerais o intimou a se submeter a exame de DNA, mas o então vice de Lula não compareceu. Sua recusa resultou em presunção de paternidade, conforme determinava lei sancionada pelo próprio Lula. Ao longo de vários anos, José Alencar orientou sua defesa a desqualificar a mãe de Rosemary, a enfermeira Francisca Nicolina de Morais. Na ação, os advogados redigiram um texto apelativo, alegando que Francisca era "mulher reconhecidamente frequentada por vários homens" e "habitué da zona de meretrício da Caratinga".

A despeito das acusações, Rosemary, mesmo depois da morte da mãe, em dezembro de 2009, seguiu na busca de seu objetivo. Em 20 de julho de 2010, a professora de geografia e história foi declarada oficialmente filha de José Alencar, em decisão do juiz José Cordeiro, da Vara Cível de Caratinga. Numa entrevista ao "Programa do Jô", da TV Globo, duas semanas depois, em 5 de agosto, Rosemary rebateu declarações do vice-presidente, nas quais ele tentava justificar por que se negara a realizar o exame: "Senão, amanhã, todo mundo que foi à zona um dia pode ser *(submetido a exame)*".

– Minha mãe pode ter sido prostituta, mas ele não teve um pingo de respeito comigo – retrucou Rosemary, muito aplaudida pela plateia do programa.

Na primeira vez em que sua mãe tocou no assunto, ainda nos anos 90, Rosemary ficara sem ação. As duas folheavam um jornal, quando Francisca se deteve diante de uma foto de Josué Gomes da Silva, filho de José Alencar, e lhe disse:

– Preste atenção! Está vendo esse rapaz aqui? Ele é seu irmão.

A partir de então, Rosemary quis tirar a limpo a história e ter a certeza de quem era seu pai biológico. Esteve com José Alencar em sua campanha ao Senado em 1998, e se apresentou como sua filha. Um assessor anotou o nome e o número do telefone, mas nunca entrou em contato com ela.

José Alencar morreu em São Paulo, em 29 de março de 2011, com seus advogados trabalhando para anular a decisão da Justiça do ano anterior. Mesmo com a impossibilidade de se obter alguma prova pelo exame de DNA – o corpo de Alencar foi cremado –, Rosemary se manteve firme no propósito de confirmar seus laços biológicos com ele. Em 7 de março de 2014, o Tribunal de Justiça de MG ratificou a sentença de primeira instância, da comarca de Caratinga. Um ano e meio depois, em 31 de agosto de 2015, o Superior Tribunal de Justiça (STJ) negou recurso dos herdeiros de Alencar e manteve as decisões anteriores.

* * *

Entre os políticos mais próximos de José Alencar, estava Itamar Franco. Nos anos 90, os dois se divertiam com histórias picantes envolvendo parlamentares conhecidos. Uma delas foi contada por Itamar, numa reunião de amigos em Belo Horizonte. O fato se passara nos anos 80, num dos hotéis mais caros de Brasília, e teve como protagonista um deputado federal, futuro ministro do governo Fernando Henrique Cardoso.

O parlamentar se apresentava sempre de forma ponderada nas entrevistas, reforçando a imagem de conciliador, de homem austero e zeloso com recursos públicos. Ao sair do Congresso, transformava-se. Certa vez, hospedou por vários dias num hotel da capital uma garota de programa, selecionada por uma cafetina do Paraná. Jantavam reservadamente na suíte presidencial e não era nada econômico, especialmente no consumo de vinhos. Tudo seguia o roteiro por ele traçado, com paz, harmonia e o distanciamento estratégico de sua esposa – a residência do casal ficava a mais de 800 quilômetros de Brasília.

Depois de uma semana intensa, com gastos que se aproximaram dos R$ 200 mil em valores de 2022, veio a despedida: o deputado pagou as diárias do hotel, na Asa Sul, e depositou a quantia devida à cafetina, que repassaria à prostituta o cachê combinado.

Ao arrumar a suíte, uma camareira notou que a hóspede esquecera, em sacolas transparentes, algumas peças íntimas e alertou a recepção. Não havia o recurso do celular nem sobravam neurônios ao chefe de plantão. Pragmático, daqueles que resolvem tudo sem pensar muito, o funcionário do hotel pegou o conjunto de lingerie, embrulhou-o e acessou a ficha do deputado. Copiou então o endereço do parlamentar e fez uma remessa por Sedex, o serviço mais rápido dos Correios.

Ainda colocou uma fitinha vermelha numa das margens do pacote, com o nome do hotel, certo de que a companheira era a esposa do requintado hóspede. Afinal, em Brasília, ninguém passava tanto tempo com uma mesma acompanhante.

O que se soube, a partir de então, foi que a esposa do deputado recebeu a encomenda. Desmanchou-se em sorrisos em sua primeira reação, imaginando-se cortejada diante de um gesto delicado do marido. Ao conferir o manequim das peças, mudou o semblante. A coisa só desandou mesmo quando leu um pequeno bilhete, escrito pelo zeloso funcionário do hotel: "Até quando esquecem algo em nossos quartos, nós jamais esquecemos de nossos hóspedes".

CAPÍTULO 17
Dançarinas da TV

Nem assessores mais próximos, tampouco funcionários da limpeza, têm acesso às gavetas secretas do Congresso Nacional. Ficam trancadas nos gabinetes de muitos parlamentares. Até aí, nada de mais, isso é praxe em qualquer repartição pública. Mas a língua solta de políticos que se projetam em Brasília como discípulos de Don Juan revela, por vezes, fragmentos desse mistério.

Entre janeiro de 2011 e o fim de 2014, um deputado federal de Minas Gerais, acolhido por sua bancada graças a posições veementes contra a corrupção, não teve o cuidado com o sigilo de um dispendioso e exótico hobby. Guardava a sete chaves na sua mesa de trabalho vários celulares. Cada um com uma etiqueta e o nome de uma garota de programa. O custo operacional de seu fetiche era elevado – todas tinham atributos que as credenciavam à elite da prostituição de Brasília. Havia outros dois celulares usados no dia a dia por Sua Excelência para o trabalho na Câmara e conversas com a família.

Era uma seleção de garotas em permanente renovação. Para isso, o deputado estabelecia critérios. O aparelho com o número 10 – todos eram numerados –

abrangia contatos mais recentes, como se houvesse ali uma disputa por uma vaga no time. Os gastos com mais de uma dezena de celulares se justificava com programas desfrutados, em média, três vezes por semana. Ele próprio contou a seus pares que, uma vez, enquanto discursava no plenário, três celulares tocaram no gabinete, sem que seus funcionários entendessem a origem dos toques. Bastou, evidentemente, que um deles pusesse o ouvido na mesa para se certificar de que os chamados vinham da gaveta.

– Eu sempre os deixava no silencioso ou desligado. Ali, dei mole. Mas ninguém se aprofundou no assunto – disse, aos risos, durante um jantar de seu partido.

No mesmo período, início de 2010, outro parlamentar esteve em evidência ao alugar por dois dias uma ilha em Angra dos Reis, litoral sul do Rio, no fim de semana pós-carnaval. Contratou 20 garotas e convidou uma dúzia de amigos, alguns deles com mandato em Brasília. Gambiarras reluzentes, holofotes verdes e flores campestres decoravam o local. Um grupo devidamente orientado de cozinheiros, garçons e um maître fazia as honras da casa – todos muito bem pagos. A ilha era vigiada por duas lanchas com seguranças instruídos a evitar a aproximação de barcos pesqueiros ou de curiosos.

Havia um quarto improvisado e exclusivo para as moças – recrutadas no Rio, em São Paulo e no Rio Grande do Sul –, com beliches e ar-condicionado para momentos de repouso. A negociação se deu por intermédio de uma cafetina carioca, conterrânea do anfitrião e sua amiga de longa data. À medida que a tarde avançava, sob a dança das folhas de coqueiros que circundavam a ilha e os saltos de micos-estrela de galho em galho, os foliões se espalhavam com copos à mão, em busca de novidades ao ar livre, como numa caça ao tesouro.

Vale ressaltar que os códigos estavam preestabelecidos e ninguém ousou afrontá-los. O primeiro e básico: celulares desligados e recolhidos. Isso valia também, logicamente, para o *staff*. Esses profissionais, mais de 30, se comunicavam via radiotransmissor. Ao longo de toda a área transitável, com trechos demarcados por um sistema de iluminação embutido sob pisos transparentes, podiam-se ver pequenos suportes improvisados de madeira nativa com frascos de repelente à disposição de quem circulasse em busca de mais privacidade. Tudo preparado com muito capricho.

Mas, quis o destino, que uma frente fria chegasse repentinamente, com vendavais e muita chuva logo ao anoitecer do primeiro dia do evento. Houve corre-corre para tentar impedir o voo de gambiarras, flores campestres, mesas, cadeiras e guarda-sóis. O vento soprava com força, assoviava notas de terror e envergava os galhos. Em pânico por causa dos relâmpagos e das trovoadas, algumas moças choravam e buscavam abrigo nos beliches. O relato de quem trabalhou naquela festança beira o surreal. Bandejas com petiscos e taças de vinho teriam sido lançadas ao mar pela força dos ventos e caixas de isopor acabariam tragadas pelas nuvens. O descuido com janelas abertas inundou as suítes do anfitrião e dos convidados, encharcando colchões, roupas de cama e parte das bagagens.

A fúria da natureza modificou o humor dos convivas – até porque não havia acomodação para tanta gente ao mesmo tempo. Os seguranças tiveram que recolher as embarcações e se protegeram debaixo de uma pedra de diâmetro ameaçador – curvada, que parecia na iminência de rolar. A tempestade antecipou a volta para casa, até porque vários convidados teriam compromissos importantes no Congresso na sequência e não podiam se ausentar: iam discutir emendas a um projeto que destinaria mais recursos para os municípios, seus redutos eleitorais.

No entanto, o mais impressionante de tudo naquela ilha encantada não foi a tempestade, algo até previsível para a época do ano na região, e sim o valor do pacote, que incluiu aluguel do espaço, arregimentação de 20 prostitutas de luxo, com transporte aéreo, terrestre e aquático, pagamento da equipe de apoio, consumo de bebidas, alimentos, decoração etc. O investimento total, de quase R$ 1 milhão, foi por água abaixo. Políticos e lobistas ficaram a ver navios.

* * *

No mercado velado que reúne políticos e prostitutas há os que são abastecidos pelas ofertas de terceiros e os que assumem a dianteira em busca do lazer. Neste grupo é possível identificar quem tem critérios específicos para selecionar acompanhantes, como, por exemplo, preferências por dançarinas de programas de auditório, modelos que já estamparam capas de revista ou que se destacam em redes sociais.

Há também as surpresas, que costumam ocorrer quando o interessado recorre a lobistas. Dependendo do montante em jogo, o político pode ser brindado com uma noite das arábias. São corriqueiras excentricidades envolvendo os homens mais poderosos de Brasília. Uma delas foi protagonizada por um deputado federal, do PFL, eleito em 1998 pela Bahia – solteiro, meia-idade, dono de hábitos estranhos, como o de comer a sobremesa antes do prato principal, tanto em casa quanto em restaurantes requintados.

Recolhido ao lar nos fins de semana, ele reunia amigos à beira da piscina. No bar ao lado da sauna de sua mansão e com uma bandeira do Esporte Clube Bahia na parede, uma tela gigante de TV transmitia os famosos programas dominicais de auditório, com modelos e dançarinas fazendo coreografias atrás do apresentador. Em dado momento, o deputado – e disso já sabiam os convidados – apontava para uma das moças que sorriam para um Brasil de audiência e dizia em voz alta:

– É essa aí que eu quero. Vai ser ela.

Os demais o aplaudiam, ou lhe davam tapinhas nas costas, elogiando a escolha. Sabiam que não se tratava de blefe. Os programas de TV eram cuidadosamente gravados e o parlamentar desfrutava da amizade de intermediários para identificar e se aproximar da dançarina que escolhesse. Era o seu fetiche. Mas nem sempre tinha êxito. Muitas vezes esbarrava no jogo duro de algumas moças, cientes de que a fama não condiz com pechincha. Até aceitavam o convite, mas cobravam taxas altas. Dependendo do total de horas à disposição, o taxímetro poderia chegar a R$ 10 mil – valor equivalente a 66 salários mínimos em meados de 2000.

Na Operação Harém da Polícia Federal, deflagrada em 2009 com foco numa rede de prostituição de luxo e já relatada aqui, uma das pontas do iceberg – na qual predominavam agenciadores e empresários do sexo – eram negócios envolvendo moças que se exibiam em programas de televisão. Uma modelo ouvida pelos policiais contou que os interessados obtinham, de um jeito ou de outro, o número do celular delas e eram diretos: ofereciam cachês tentadores, com valores bem acima da média de mercado. Tudo isso para satisfazer um prazer – segundo ela, tosco – de se relacionar com alguém que via na TV.

CAPÍTULO 18
A advogada que virou prostituta

Ela não é atriz nem modelo, tampouco estrela de TV, mas, ainda assim, conquistou espaço pela forte personalidade, beleza e versatilidade. Advogada por 11 anos, professora universitária, especialista em direito constitucional, e acompanhante de luxo em Brasília. Eis o currículo incomum que levou Cláudia de Marchi a surpreender muita gente quando, em abril de 2016, anunciou uma mudança radical em sua vida: deixaria a rotina de tribunais e salas de aula para se dedicar ao que lhe dava mais prazer. Sua clientela, desde então, reúne empresários, banqueiros e, claro, políticos.

Gaúcha de Passo Fundo, Cláudia saiu de Sorriso, cidade no Mato Grosso onde viveu por muitos anos, para morar no centro do poder, em busca de aventuras e de dinheiro. Ela explica a opção e a ruptura no livro "De encontros sexuais a crônicas – O diário de uma advogada e acompanhante de luxo feminista" (Editora Clube de Autores, 2018). Cláudia se diz de esquerda e dificilmente aceita um programa com quem não é alinhada politicamente. Já chegou a ter alguns entreveros com gente mais interessada em seus serviços do que em suas ideias, antes, durante e depois do impeachment de Dilma Rousseff, em 31 de agosto de 2016. Ela mantinha um blog como se fosse um diário até 2017 e o usou para atacar repetidas vezes Michel Temer e o grupo que o apoiou, acusando-os de golpistas.

– O Congresso está cheio de homens que se valem de prostitutas de rua e de garotas de programa aliciadas por proxenetas *(cafetões)* – comentou, certa vez, em alusão ao que considerava uma hipocrisia de época.

Cláudia de Marchi faz apenas um programa por dia, que pode lhe render R$ 900 por hora de serviço e alguns presentes, como chocolates Lindt, perfume La Vie Est Belle da Lâncome, um de seus preferidos, ou uma garrafa de champanhe Veuve Clicquot. E, sempre que consegue, alia trabalho e caridade. Em 2019, fixou um desconto de R$ 100 para os clientes que levassem três quilos de alimentos não perecíveis aos programas – distribuídos depois a instituições de caridade. Teve, no entanto, que refazer suas estratégias com a pandemia de Covid-19 e passou a ser bem mais seletiva a partir de março de 2020.

A garota de luxo segue a bandeira de Gabriela Leite na defesa da liberdade de escolha do ofício e na forte oposição a estereótipos. É desafiadora e não se furta a um confronto com quem propaga teses contrárias.

Apesar de estar há pouco tempo na atividade, Cláudia de Marchi já ouviu e presenciou algumas histórias bizarras envolvendo parlamentares e ministros. Em 2013, uma de suas amigas teve uma experiência com um deputado estadual do Pará. A moça viajou a Belém para encontrar o cliente, um fazendeiro muito rico, que a contratara para um fim de semana regado a sucos e caldos de açaí.

Hospedada no Radisson Hotel Belém, um dos melhores da capital paraense, esperava com alguma ansiedade a chegada do anfitrião. Vestiu um robe de cetim e exalava o aroma de seu Chanel N° 5, mimo de outro cliente. Mas aquela sexta-feira de dezembro não poderia ter sido mais exótica. O deputado apareceu no hotel afoito e não quis subir ao quarto. Levou-a a um barzinho de fundo de quintal, à beira de uma estrada de barro na periferia da cidade. Na birosca, ornamentada com cortes de jacarandá, o dono já os aguardava.

Depois da formalidade das apresentações, revelou-se o motivo do insólito passeio. O deputado servia-se do refúgio para tomar uma sopa de tartaruga da Amazônia toda vez que as circunstâncias lhe exigiam desempenho sexual. O ritual pautava seus encontros. A jovem, nascida e criada em São Paulo, achou tudo aquilo muito estranho. Mas, fiel ao seu manual de etiquetas, não o desapontou com qualquer comentário pejorativo. Fez cara de paisagem, porém, não escondeu um certo mal-estar quando ele lambeu sem cerimônia o casco da tartaruga, lambuzando o nariz.

Naquele instante, teve receio de que o programa, no hotel, pudesse estar comprometido. Gostava de delicadezas. Mas logo reavaliaria sua primeira impressão. Diante da performance do deputado, passou a receitar a iguaria a outros clientes carentes de estímulos nos momentos íntimos. Pela legislação, o consumo de carne de tartaruga precisa ter o selo de criatórios autorizados pelo Ibama (Instituto Brasileiro do Meio Ambiente e dos Recursos Naturais). Quase todos estão concentrados na Região Norte. Ou seja, dificilmente a dica da acompanhante paulista beneficiaria seus contatos do Sul e Sudeste.

* * *

Como não há vontade política do Congresso para lidar com o tema da prostituição, já que muita coisa ali tende a se arrastar a passos de tartaruga, restam protestos isolados. Em 2016, no dia 1º de abril, uma jovem paulista postou-se na Praça dos Três Poderes, em Brasília, para cobrar mais atenção do poder público à atividade. Fez isso em meio às manifestações pró e contra Dilma Rousseff. Então com 29 anos, ela contou ao site G1 um pouco de sua história.

Com um padrão de vida alto, ganhando cerca de R$ 30 mil por mês, identificou-se como Spartana Hera – referência à deusa grega, protetora do casamento, da vida e da mulher. Agregou ao nome o "spartana" por se sentir guerreira. Há quatro anos trocara o trabalho – compra e venda de roupas, maquiagens e sapatos –, que lhe exigia muitas horas de dedicação e rendia pouco dinheiro, pela nova atividade. Estava satisfeita com sua carteira de clientes, muitos deles políticos importantes da capital federal. Ao mesmo tempo, declarava-se inconformada com o "silêncio das autoridades" para lidar com o assunto no Legislativo. "Chega de nos colocarem à margem da sociedade. Estamos no centro", disse.

Com uma máscara artesanal e poucos trajes, Spartana Hera agarrava-se a uma constatação: os mais preconceituosos e intransigentes eram exatamente os que mais consumiam seus serviços. Em 2018, um novo fato reforçou sua crença. O protagonista da vez chamava-se Vitor Nósseis, ex-presidente nacional do Partido Social Cristão (PSC) e autor de vídeos compartilhados nas redes sociais em que manifestava seu descontentamento com o PT, acusando-o de hipocrisia. Até aí, arregimentava a simpatia de seus pares e ganhava notoriedade entre os descontentes com os governos do Partido dos Trabalhadores.

Nósseis, porém, caiu nas garras da Justiça de Minas Gerais por causa de um áudio entregue pelo seu próprio partido ao Ministério Público do Estado e à Polícia Federal, e passou a ser investigado por uso de recursos da Fundação Instituto Pedro Aleixo – vinculada ao PSC até 2017 e financiada pelo fundo partidário – para pagar prostitutas. Ele não negou a autoria das conversas gravadas, obtidas pelo jornal "O Globo", nas quais seu interlocutor não é identificado. À promotoria de Justiça, o político disse, num primeiro momento, que não se lembrava delas. Em seguida, argumentou "que não se pode levar em consideração" um diálogo "informal, descontraído".

– Eu estou vendo uma fofoca aí. Diz que eu dei dinheiro, né? Sim, eu dei dinheiro da fundação para comer as puta *(sic)*. Falei que dei mesmo e comi. Qual o problema? E agora, vai fazer o que comigo? Dei, mas elas se formaram. Recuperei todas elas pra vida. A Samantha é uma; a Keila é outra. Tem três lá na Europa, tudo virou gente. Formaram-se. No total, foram mais de 20.

Vitor Nósseis fundou o PSC e presidiu a sigla de 1985 a 2015, ano em que assumiu o cargo de presidente de honra e expôs uma briga interna pelo comando da legenda – o que poderia explicar, em parte, por que o próprio partido apresentou o áudio à Justiça. Ele chegou a se candidatar a vice-presidente da República em 1994, numa chapa encabeçada por Hernani Goulart Fortuna – o lanterninha naquela eleição, com 0,26% dos votos.

CAPÍTULO 19
Polêmicas no plenário

Em junho de 2017, já empossado na presidência, Michel Temer teve seu nome associado ao tema prostituição, ainda que indiretamente e de forma quase jocosa. Convidado por Vladimir Putin para uma viagem à Rússia, Temer ganhou do anfitrião um presente pouco recomendável (ou muito, dependendo das circunstâncias): ficaria hospedado na suíte presidencial do Hotel Ritz-Carlton, o cinco estrelas mais badalado de Moscou.

Em 2013, o mesmo apartamento de 238 metros quadrados, com vista para o Kremlin e a Praça Vermelha, hospedara Donald Trump – antes, portanto, de se tornar presidente dos Estados Unidos. Convidado para acompanhar o concurso Miss Universo na capital russa, Trump teria participado de uma orgia com prostitutas após o evento, com direito a práticas sexuais pouco comuns, segundo reportagem da "Folha de S.Paulo" de 20 de junho de 2017.

De acordo com a denúncia, feita no início daquele ano pelo ex-agente da inteligência britânica Christopher Steele, cenas da noite teriam sido gravadas pelos russos para chantagear Trump. Ele, porém, alegou que tudo não passava de fake news visando a difamá-lo. Dias depois da avalanche de informações e memes em redes sociais, Vladimir Putin saiu em defesa do colega americano, com uma declaração preconceituosa sobre as profissionais do sexo:

– Aqueles que atacam Trump são piores que as prostitutas.

A formação moralista de Putin tem a ver com a história recente de seu país. No fim dos anos 50, a então União Soviética propagava e engendrava um modo peculiar de combater a prostituição: afixava em praças públicas o nome dos homens acolhidos por mulheres em programas pagos. As autoridades soviéticas avaliavam que esse era o melhor método de puni-los, mais eficaz do que levá-los presos ou multá-los.

Talvez a história jamais venha a revelar se a suíte presidencial do Ritz-Carlton recebeu ou não as convidadas de Trump. De todo modo, o homem mais poderoso do planeta entre 2017 e 2021 passaria a integrar uma extensa lista de líderes mundiais envolvidos em escândalos sexuais. Um time de elite, que contemplaria outro presidente norte-americano, Bill Clinton, o ex-premier italiano Silvio Berlusconi, o líbio Muammar Kadhafi e o ditador panamenho Manuel Noriega, entre outros figurões.

Temer achou risível a coincidência de se hospedar na mesma suíte e se antecipou aos comentários maledicentes com uma explicação marota: estava na Rússia em missão oficial e não compareceria a nenhum concurso, até porque já dispunha da companhia de uma miss – Marcela Temer, uma das mais belas primeiras-damas da história do Brasil. Natural de Paulínia (SP) e 43 anos mais nova que o marido, com o qual teve um filho, Michelzinho, Marcela sempre buscou fugir dos fotógrafos e dos holofotes, optando por roupas elegantes e sóbrias. Acabaria rotulada por uma reportagem de capa da "Veja", em abril de 2016, como "Bela, recatada e do lar".

* * *

Quase dois anos depois, em fevereiro de 2019, Ana Paula Silva (PDT), deputada estadual de Santa Catarina, receberia um tratamento bem diferente ao escolher seu figurino para tomar posse na Assembleia Legislativa do estado. A parlamentar optou por um macacão vermelho, com um decote generoso. Não havia nada no protocolo que a impedisse de se vestir assim. Ana Paula, conhecida como Paulinha, foi alvo de ataques machistas e furiosos nas redes sociais.

– As pessoas falaram que eu era uma prostituta, representante das putas, me chamavam de dona de cabaré, de vadia, vaca. Falaram até: "se for estuprada depois não abre a boca para reclamar". São coisas cruéis que não se diz a ninguém – desabafou.

Paulinha, a quinta mais votada de Santa Catarina na eleição de 2018, já tinha sido prefeita duas vezes de Bombinhas, cidade a 50 quilômetros de Florianópolis. Em nenhum momento nesses seus dois mandatos como chefe do Executivo vivenciara experiência semelhante.

– Fui chamada de "daputada" e questionada sobre para quantos homens eu tinha dado.

A cúpula da Assembleia Legislativa negou que Paulinha tivesse que responder por quebra de decoro e repudiou os termos dirigidos à deputada. Em sua cidade, as pessoas se dividiram sobre a polêmica. Senhoras de pastorais da Igreja Católica e líderes evangélicos endossaram os protestos, indicando que o decote de Paulinha os incomodara. Pelas redes sociais, grupos a favor dos direitos individuais saíram em defesa da parlamentar. "Ela não tem culpa de ser bonita e o decote só realça isso", exaltou um de seus eleitores, acrescentando: "Se ela for cancelada por essa gente que parou no tempo, tudo bem. Não vai fazer diferença".

A tal quebra de decoro também deu o tom do inflamado discurso de alguns deputados estaduais de São Paulo logo na primeira semana de outubro de 2019. Apontavam o dedo para a colega Isa Penna (PSOL), após ela declarar no plenário da Assembleia Legislativa o poema "Sou puta, sou mulher", da escritora Helena Ferreira:

– Sou puta. Quando uso a boca vermelha. Meu salto agulha. E meu vestido preto. Sou puta. Mordo no final do beijo. Não fico reprimindo desejo.

Isa Penna manifestava assim seu repúdio a um projeto de lei do deputado Altair Moraes (Republicanos), que estabelecia o critério biológico como único princípio de seleção de atletas em atividades esportivas. Ou seja, excluía a identidade social de transgêneros na configuração das equipes, separadas em masculinas e femininas.

Parlamentares, no entanto, interromperam a leitura da deputada do PSOL e o poema ficou pela metade: "Está envergonhando a Assembleia Legislativa!", "Uma imoralidade!", "Jogou nosso nome na lama!", "Seu mandato será cassado!".

– Boa parte desses "homens de bem" é cliente de prostitutas, de travestis. É uma hipocrisia – ela reagiu.

Se por um lado episódios assim são corriqueiros no país, percebe-se nos últimos anos uma tendência a valorizar a autoestima da prostituta. A professora universitária e travesti Amara Moira aborda tal comportamento no prefácio do livro "Putafeminista" (Editora Veneta, 2018), de Monique Prada. É um depoimento forte, visceral, de quem luta para romper com uma estrutura secular de dominação e humilhações: "Ouve-se que políticos se prostituíram para aprovar tal emenda, então aproveitam para chamar o golpista da vez de 'filho da puta', e a deputada que bate de frente com os machistas tem o nome de seu cargo grafado de forma a ressaltar a palavra 'puta'. Acontecimentos banais mostram o quanto estamos no imaginário político nacional".

Amara tem razão. Basta citar alguns discursos ou declarações à imprensa de nomes conhecidos nacionalmente, que atacaram adversários usando a alcunha de "prostituta". Em maio de 2006, o ex-governador do Rio Anthony Garotinho, irritado com o fato de o PMDB não lançar candidato próprio na eleição que garantiu o segundo mandato de Lula – o partido se aliaria ao PT no fim daquele ano, já com Lula reeleito –, soltou sua verve mordaz:

– O PMDB não pode se apequenar. Por causa de questões estaduais, convidam-nos a virar uma prostituta. Num estado, vamos nos unir aos 40 ladrões. No outro estado, vamos nos unir aos vendilhões da pátria.

O PMDB não é uma prostituta e não pode ir para a cama com ninguém!

Fiel ao seu estilo touro bravo e projetando mais uma candidatura à presidência, Ciro Gomes, em junho de 2008, cunhou mais uma de suas frases polêmicas para atacar a administração da prefeita Luizianne Lins (PT).

– Fortaleza é um puteiro a céu aberto – disse, explicando que sua intenção era falar da "deterioração do tecido urbano" da capital cearense.

Ciro tentou amenizar o discurso ao destacar que não tinha "nada contra as prostitutas", mas o remendo não convenceu ninguém. Valeu o soneto.

– Foi extremamente infeliz e desrespeitosa *(a declaração)* com as mulheres da cidade e com as prostitutas – rebateu Luizianne.

Anos depois, em 19 de junho de 2018, Ciro esteve mais uma vez envolvido num tiroteio verborrágico. Discutiu asperamente com alguns presentes ao 35º Encontro Mineiro de Municípios, em Belo Horizonte, depois de ser vaiado por parte da plateia. No mesmo dia, em Brasília, o deputado federal Sóstenes Cavalcante (DEM-RJ) usava a tribuna do plenário contra Ciro, mencionando a ampla lista de partidos pelos quais ele já fora filiado:

– O Ciro é um prostituto de partido.

Ainda em 2018, o então ministro Moreira Franco (da Secretaria-Geral da Presidência do governo Michel Temer) fez menção à atividade sexual paga, mas, em outro sentido, comparando políticos experientes a quem "está rodando bolsinha na rua há muitos anos". A analogia levou muitas prostitutas a protestarem.

Até mesmo manifestações sem a intenção de atingir a prostituição exigem um mínimo de cautela, para não melindrar quem se ocupa do ofício. Em julho de 2008, na formatura do curso de qualificação profissional de beneficiários do Programa Bolsa Família, em Belo Horizonte, o presidente Lula derrapou feio ao enaltecer a força de vontade de uma adolescente de 16 anos agraciada com seu diploma:

– Em vez deste país ganhar uma prostituta a mais, este país ganhou uma cidadã a mais, formada profissionalmente para ter emprego e viver com dignidade.

No Rio, a ativista Gabriela Leite ficou desapontada, assim como outras lideranças de movimentos em defesa da atividade. Na avaliação delas, o presidente só fez reforçar o estereótipo negativo associado à prostituição.

O prefácio assinado por Amara Moira no livro "Putafeminista" traz uma crítica a "um figurão da política" nacional, não identificado por ela, que teria em algum momento se referido à luta das prostitutas com a seguinte ironia: "Daqui a pouco elas vão querer tudo, todos os direitos, vão querer até carteira assinada". A resposta ao autor do deboche não caberia num frasco de soro antiofídico: "Mesmo não se mostrando sensível à nossa luta, *(ele)* frequentemente é tratado como se fosse nosso filho".

* * *

Em 2010, em Belo Horizonte, um grupo se organizou para criar o Museu do Sexo e das Putas, que seria viabilizado sem recursos públicos. O projeto se arrastou por mais de uma década, até que, em 2022, Cida Vieira, presidente da Associação de Prostitutas de Minas Gerais e candidata derrotada em duas tentativas para ocupar uma cadeira na Câmara Federal (1994 e 1998), começou a negociar com parceiros privados a reforma de uma casa na Rua Guaicurus, zona boêmia da capital mineira, para abrigar o museu. O imóvel, desapropriado em 2008, fazia parte de um conjunto tombado.

Silenciosamente, sem alarde na imprensa, as defensoras do museu começaram a buscar apoio de prostitutas e de frequentadores de casas de tolerância. Mas bastou o assunto vir a público para despertar uma forte reação. Atacada por discursos de políticos conservadores, Cida Vieira deu entrevistas na tentativa de explicar a dinâmica do museu, que abrigaria biblioteca, salas de exposições, cursos e, o mais importante, ajudaria a reescrever a história das prostitutas em Minas Gerais e no país.

– Estamos cansadas de ser objeto de pesquisa. Queremos inverter isso e produzir conteúdo próprio.

Foi em vão. Deputados estaduais pediram à Assembleia Legislativa de Minas o encaminhamento de um relatório sobre "tal aberração" à ministra da Mulher, Família e Direitos Humanos, Damares Alves, e ao presidente Jair Bolsonaro.

– Fizeram um palanque eleitoral. Uma pena. Estamos querendo revitalizar, sem dinheiro público, uma área abandonada. Vai ser bom para a cidade – rechaçou Cida.

Se a ativista mineira estivesse no sertão do Rio Grande do Norte, mais precisamente em Caicó, cidade a 272 quilômetros da capital Natal, talvez seu fardo fosse mais leve. O município de 68 mil habitantes trata questões similares com serenidade e desprendimento. Lá, o cabaré Sol e Lua ganhou fama não por causa da beleza de suas meninas, dos shows eróticos e da cachaça que patrocina a casa. O segredo do sucesso tem a ver com o status e a liderança de sua proprietária, Ariana Maia Saldanha, conhecida desde criança como Lilia Saldanha.

Mulher decidida, carismática e de amizades importantes na região, ela dirige a casa desde 2004 e poderia ser apenas mais um dos tantos nomes que ainda se beneficiam desse comércio no Nordeste. Um detalhe, porém, faz a diferença. Lilia exerceu cinco mandatos de vereadora em São José do Brejo do Cruz, na Paraíba, cidade vizinha a Caicó, com pouco mais de 1.800 habitantes. E mais: ela foi presidente da Câmara Municipal por dez anos, entre 2010 e 2020.

Lilia não gostava de misturar suas atividades de parlamentar com as do cabaré, e até criou uma definição que distingue os dois setores de trabalho:

– O povo fala que político é ladrão. Eu não sou ladra. Aliás, no meu cabaré não cabe esse tipo de acusação. Lá é um lugar de respeito e o que vale é a minha palavra.

A partir de março de 2020, com o isolamento social em razão da pandemia provocada pelo coronavírus, o prostíbulo precisou buscar recursos para suprir necessidades básicas de suas atendentes. Sem ter como trazer os clientes, que aliás sofriam com a abstinência, e sem se comover diante do apelo de alguns deles pela reabertura da casa à revelia das autoridades, Lilia fez lives para juntar doações, arrecadar dinheiro e dividi-lo com as responsáveis diretas pelo sucesso do cabaré.

Ela se surpreendeu quando o vídeo da primeira ação, improvisado e um tanto despretensioso, viralizou na internet, com quase 200 mil visualizações. Nem todos ali estavam interessados em colaborar com a campanha. A espontaneidade de Lilia falou mais alto e garantiu a repercussão da live graças à forma como agradecia aos doadores: citava-os nominalmente, enfatizando que assim eles retribuíam a caridade recebida das meninas no cabaré.

Até um magistrado entrou na roda, com o nome revelado e o relato de que ele já passara momentos divertidos e inesquecíveis no Sol e Lua.

– Meu primo está lá em Brasília a esta hora nos assistindo. É juiz federal – comentou Lilia, para em seguida entregá-lo: – Um beijo, Costinha, para você que fez sua doação ajudando as meninas que também lhe fizeram caridade. Esse meu primo é cabra forte!

Em 94 minutos, a live conseguiu, além de uma quantia generosa em dinheiro, alguns quilos de linguiça e de frios, 300 ovos, 48 fatias de pizza, um bolo de leite, "o melhor pastel da cidade", uma caixa de absorventes e um par de óculos de sol.

– Quem trabalha comigo são moças de família com problemas financeiros – explicava Lilia, bebericando doses de cachaça e pedindo que uma delas se exibisse na barra vertical de pole dance na pista do cabaré: – Minha Sol e Lua já tem ar-condicionado nos quartos. Ninguém precisa ir mais para motel, que é perigoso e caro.

A ex-vereadora tem planos mais ambiciosos para o futuro: ser prefeita de São José do Brejo da Cruz.

CAPÍTULO 20
O calendário da farra em Brasília

A captação de imagens online, a profusão de câmeras por todos os lados, smartphones de última geração, avanços tecnológicos em escala acelerada; tudo isso criou novos hábitos, ainda que alguns desdenhem da realidade e sigam movidos por elevadas doses de autoconfiança, e sabe-se lá mais o quê. O prefeito de Tibagi, no Paraná, Rildo Emanoel Leonardi (MDB), foi flagrado seminu pelas câmeras do elevador de um hotel da Asa Sul de Brasília, em relações íntimas com uma mulher. Diante das imagens, registradas em abril de 2019, o político não teve como negá-las. Havia um agravante: Rildo estava na capital federal para um evento oficial, ou seja, viajou e se hospedou com dinheiro público. Embora tenha se reconhecido nas cenas, o prefeito de 53 anos foi acometido de amnésia sobre os detalhes. Não se recordava como, onde, quando, com quem e o papel do elevador no episódio.

A ressaca de Rildo rendeu. Um inquérito aberto pelo Ministério Público do Paraná o obrigou a prestar esclarecimentos. Como "álibi", ele alegou que não era casado quando o elevador do hotel começou a subir e descer sem abrir a porta. Além disso, usou seu perfil numa rede social para um pedido formal de desculpas à população de Tibagi, cidade com pouco mais de 20 mil habitantes, tranquilizando os conterrâneos quanto ao eventual uso de dinheiro público:

– Os atos veiculados ocorreram em situação absolutamente privada, em momento de folga, durante a noite, após o efetivo cumprimento de todas as minhas obrigações públicas e, por fim, não envolveu qualquer prejuízo aos cofres municipais.

De todo modo, o fato acabou explorado pela oposição, teve bastante peso nas eleições municipais de 2020 e Rildo não conseguiu se reeleger.

Naquele mesmo hotel, câmeras do corredor de um outro andar registraram o momento em que mais um prefeito, este de uma cidade de Rondônia, circulou nu de madrugada, apenas algumas horas depois de seu colega paranaense ter deixado o elevador, já com a calça abotoada. Ambos participavam da 22ª edição da Marcha a Brasília em Defesa dos Municípios, evento que reuniu nove mil prefeitos, vereadores e secretários municipais de 8 a 11 de abril de 2019, no Centro Internacional de Convenções da capital.

Esses encontros, anuais, promovem debates sobre as cidades e seus problemas. Inicialmente batizados como Marcha dos Prefeitos, nos últimos anos passou a atrair milhares de políticos, graças à presença de presidentes da República, que tiram uma casquinha na reunião dos representantes municipais (e vice-versa): dão boas-vindas, posam para fotos mais tarde postadas nos sites das prefeituras e até participam de alguns fóruns de discussão.

Organizada pela Confederação Nacional de Municípios (CNM), a Marcha foi realizada por alguns anos no Centro de Convenções Ulysses Guimarães, no Eixo Monumental de Brasília. Cada edição se estende por três dias no mês de abril – em 2020 e 2021, não foi realizada, em razão da pandemia, mas voltou em 2022. Consequentemente, nesses encontros, por três noites, bares, boates e restaurantes da capital têm um movimento atípico: são invadidos por uma parcela significativa de prefeitos e correligionários de todos os cantos do Brasil. E independentemente da situação econômica da maioria das cidades, os gastos com bebidas, comidas e diversões de seus prefeitos sempre se equivalem.

É o grande momento do mercado da prostituição no país. Já sabendo de antemão da programação da Marcha, centenas de moças de cidades vizinhas chegam a Brasília em caravanas para marcharem com os prefeitos. Ônibus saem lotados de Goiânia e de outros lugares próximos, com prostitutas dispostas a ganhar em menos de uma semana o que seria a féria de todo um mês ou até mais. Nestes dias de abril, Brasília é uma festa.

Alfa Pub, Star Night e Apple's são as boates mais concorridas. Ali, as jovens seduzem os clientes, além de os incentivarem a abusar do uísque e de outras bebidas caras – elas ganham comissão sobre o consumo – e a definir as condições do programa. Nenhuma dessas casas oferece quartos. São os hotéis, de preferência os mais próximos das boates, o destino da rápida e fugaz união. Paga-se então o equivalente a uma diária, sem a permissão de que os quartos sejam ocupados por mais de dois hóspedes simultaneamente. Essa regra pode ou não ser cumprida à risca; tudo vai depender do poder de barganha do cliente, da flexibilidade do funcionário da recepção e da situação econômica do país.

Na Apple's, os taxistas são presenteados com "um extra" assim que desembarcam algum político nos dias da Marcha. Em geral, podem garantir mais R$ 100 em suas diárias caso deixem ali um passageiro VIP. Nesses dias, as mulheres estão longe de pertencerem à classe A da prostituição de Brasília. Cobram em torno de R$ 500 por duas horas de programa. Há entre elas uma rivalidade à parte na chegada maciça dos prefeitos. As que trabalham na capital se sentem incomodadas com a concorrência e tendem a se unir para boicotar as demais. Essa polarização é fácil de ser detectada: as brasilienses fazem provocações e tentam desvalorizar as "intrusas" quando os clientes querem saber se estão juntas. Consideram que o aumento da oferta reduz o preço – a lei da procura e da oferta é universal. As prostitutas de fora, em geral, preferem ignorar as intrigas e não comprar briga.

Há um cardápio variado de shows de striptease na Apple's, com mulheres que iniciam a apresentação fantasiadas de colegiais ou de enfermeiras. À saída, os homens desacompanhados costumam receber uma senha para participar de um sorteio. O prêmio é uma noite grátis com uma das garotas de programa que fazem ponto na casa.

A boate se adapta às mudanças políticas na capital. Em 2005, por exemplo, Andrea, uma baiana de traços delicados e muito sensual, então com 25 anos, destacava-se como musa da Apple's e era cobiçada por parlamentares e executivos. Ainda no primeiro mandato de Lula, a garota já sabia como lidar com os homens dos dois partidos que mais rivalizavam à época. "Bom mesmo era no tempo das privatizações. A cada leilão a gente mudava de casa, de tanta grana, tudo pago em dólar pelos empresários e pelo povo do PSDB. Esses petistas, ô raça, são miseráveis", contou Andrea à revista "Trip", na edição de setembro de 2005.

Já na pequena Alfa Pub, na entrada do Hotel Bonaparte, Asa Sul da cidade, não tem strippers: o espaço é destinado a conversas mais instigantes. Há situações em que o parlamentar envia antes um emissário, normalmente um assessor de confiança, para checar o movimento na casa. Se houver "novos talentos", logo ele estará na boate. Com uma entrada minúscula e um salão pouco arejado, sem nenhum glamour, a Alfa Pub só funciona a todo gás de madrugada, num horário em que seu entorno está tomado por prostitutas de rua, à caça também de políticos e de presas mais distraídas. Em geral, elas ficam atentas aos mais vulneráveis à bebida alcoólica e costumam aceitar o preço que o cliente oferecer.

Nessa boate, congressistas do Centrão costumam se encontrar entre terças e quintas-feiras. São espalhafatosos, gastadores e preguiçosos, segundo relato de moças habitués do local. "Tem uns cinco deles que andam sempre juntos. Riem e falam alto. Gente sem educação. São do gabinete do ócio, não fazem nada, não têm um projeto aprovado", conta Chayani, de 22 anos, uma das mais requisitadas em Brasília.

Poliglota (domina inglês, italiano e russo), ela trabalha como acompanhante de luxo no Distrito Federal. Abre mão da função em ocasiões especiais. No período da Marcha dos Prefeitos, por exemplo, mistura-se aos frequentadores da Alfa Pub. E lembra bem de gafes e extravagâncias cometidas por políticos de renome e calouros no Congresso.

– Tem de tudo por aqui: os carinhosos, os carentes, os abobados, os doidos de pedra, os vadios... E eles não precisam dar nomes. A gente sabe quem é quem, até por descuido deles. Uns se esquecem de tirar do paletó o pin do Congresso Nacional ou de seus partidos.

Nem só nos dias da Marcha dos Prefeitos os clientes da Alfa Pub testemunham episódios bizarros. Certa vez, um então deputado federal do Rio, já embalado pelo consumo de vodca, improvisou um discurso no balcão, olhando para dezenas de garrafas, como se estivesse num palanque, diante de uma plateia com rótulos coloridos no peito e tampinhas na cabeça. Esbravejava, espumava e às vezes parava de falar para agradecer os aplausos imaginários, curvando-se respeitosamente para o público – no caso, as garrafas.

A cena se passou no segundo semestre de 2018 e o discurso do parlamentar naquele plenário idílico e etílico foi acompanhado em silêncio pelos presentes. As meninas, Chayani entre elas, não entendiam nada. No encerramento de sua fala, pontuada por ofensas a Lula e ao PT, o deputado abriu os braços e arremessou seu copo para o teto, simultaneamente à frase final:

– Tenho dito!

Convidado a se retirar, não criou problemas. Pediu desculpas pelos excessos, pagou pelos estragos e deu uma generosa gorjeta ao segurança, um policial militar que fazia bico naquele horário, de quem recebeu elogios:
– Parabéns pelo discurso, deputado. Fechei com o senhor.

* * *

O calendário da Marcha dos Prefeitos é divulgado com antecedência pelo site da Confederação Nacional dos Municípios e isso ajuda na elaboração da agenda de muitas prostitutas. O primeiro assédio pode ocorrer já no aeroporto, assim que as delegações começam a desembarcar. Quem faz a intermediação ali são os motoristas de táxi ou de aplicativos, sempre afinados com as garotas e, principalmente, com os proprietários de casas noturnas.

Munidos de cartões de visita dos chamados inferninhos, aguardam a primeira oportunidade na curta viagem até o hotel dos recém-chegados. Tentam ganhar a confiança do passageiro de olho na recompensa dos donos das boates e, em alguns casos, até das acompanhantes de luxo.

– Nós temos também uma parceria com taxistas. Às vezes, o prefeito ou outro político mais conhecido não quer um programa à vista de gente estranha. Então, eles procuram algo mais reservado, no próprio hotel em que se hospedam. Ainda no carro, podem ter acesso a um book com nossas fotos e escolher uma menina. Se o programa vingar, o motorista ganha uma comissão – explica Chayani.

Ela cobra R$ 3 mil por hora em dias normais. Atende no máximo dois clientes por jornada – quase todos empresários, políticos e lobistas que vivem ou passam por Brasília para tratar de negócios.

– Quando não conheço o cliente, exijo pagamento antecipado, em dinheiro vivo. Nos dias da Marcha é assim, porque a cidade é invadida por prefeitos e vereadores de municípios que a gente nunca ouviu falar. São centenas deles em bares, shoppings, restaurantes, boates... sempre andando em grupos. Uma praga.

* * *

Num outro extremo da contramarcha da moralidade apregoada por boa parte da classe política, até mesmo o interior do Congresso Nacional é palco para momentos de intimidade. Em 30 de março de 2016, o site Metrópoles noticiou a farra de uma garota de programa num banheiro masculino. Ela estampava um adesivo de visitante e mantinha relações com um homem que vestia terno preto. Uma câmera de segurança flagrou o ato e as imagens viralizaram. O banheiro foi identificado: ficava num setor em que se reúnem comissões permanentes.

Servidores da Câmara Federal confirmaram que a moça atendia a clientes ali e que era admirada por seu charme e versatilidade. No dia seguinte, o Metrópoles voltou ao assunto com o relato debochado de parlamentares sobre o episódio. Eles enfatizaram que a situação era mais comum do que se imaginava nas dependências do Congresso.

– Não é novidade. Isso é a rotina – disse ao site um deputado do PMDB.

De acordo com a reportagem, "muitas vezes, os assessores parlamentares fazem a intermediação para o chefe (quando recebem mensagens em aplicativos ou em e-mails de empresas oferecendo acompanhantes)". Um desses assessores revelou que, só em 2015, fora procurado cinco vezes para convencer seu superior a programas com moças bilíngues e "disponíveis em qualquer época do ano".

A internet levou boa parte do comércio do sexo a uma readaptação. A figura do intermediário no agenciamento de programas de luxo tem perdido espaço, enquanto mensageiros virtuais estabelecem canais diretos com quem executa o serviço. Com a dificuldade inerente de muitos a se ajustarem às novidades tecnológicas, natural seria que gafes, escândalos e outras confusões surgissem também entre personalidades importantes do país.

No fim de 2021, um deputado federal da tropa de choque de Jair Bolsonaro trocou palavras picantes com uma garota de aluguel e, por descuido, esqueceu aberta uma conversa pelo WhatsApp na tela de seu aparelho no plenário do Congresso. Nas mensagens, além de local, preço e horário do programa, o político revelava uma característica enigmática:

– Querida, quer que eu vá com aquela de pêssego?

Assim, pela metade, era difícil entender o papel da fruta na história. Mas pela sequência do diálogo ficou claro: o deputado era colecionador de gravatas com odores. Cada uma de suas peças, importadas dos Estados Unidos, exalava um leve aroma de frutas, como framboesa, maçã, abacaxi... Isso possivelmente criava uma atmosfera mais suave e frugal para o encontro. Entre seus amigos em Brasília, alguns ouviram dele o relato sobre o programa com a jovem que seria de Porto Alegre. Por duas horas num hotel da Asa Sul da capital, a despesa foi de quase R$ 30 mil.

* * *

Diante de gandaias rotineiras de muitos políticos, uma proposta mobilizou parte do Congresso para dar um fim a tudo isso. Em março de 2019, o deputado federal Sóstenes Cavalcante (DEM-RJ) falou à coluna Radar, da revista "Veja", sobre a possível criação de um auxílio-viagem para que políticos da capital federal, com residência em outros estados, levassem maridos e esposas com mais frequência a Brasília.

Seria uma "prevenção" para evitar que deputados ou deputadas, longe dos respectivos cônjuges – que normalmente ficam em seus estados de origem –, se envolvessem em relações extraconjugais. Por enquanto, nada saiu do papel. A iniciativa estaria na contramão da pressão popular pela redução de recursos extras destinados a quem ocupa cargos públicos.

A história do país é pródiga em exemplos de que dinheiro para a maioria dos políticos é sinônimo de esbanjamento ou farra. Em janeiro de 2018, Jair Bolsonaro, ainda deputado federal, reagiu ao ser questionado pela repórter Camila Mattoso, da "Folha de S.Paulo", sobre uso de verba pública, numa entrevista feita em parceria com Italo Nogueira. O jornal estava interessado em saber por que ele teria mantido por quase duas décadas o auxílio-moradia (R$ 3.800 mensais, naquele período) se era proprietário de um imóvel na cidade havia 18 anos. Sua resposta veio rápida:

– Como eu estava solteiro naquela época, esse dinheiro eu usava para comer gente. Tá satisfeita agora ou não?

Agradecimentos

Alaor Filho, Alfredo Junqueira, Almir França, Amanda Romanelli, Beatriz Abreu, Bruno Lousada, Bruno Thys, Claudio Nascimento, Danzy, Delphino Brasília, Dora Kramer, Eleonora, Hena Lemgruber, Irany Tereza, Itamar Barolli, Ivan Drummond, João Carlos Alves dos Santos, Joaquim Carvalho, Jorge Eduardo Antunes, José Castello, José Correia, Liliani Rebellato, Luís Arthur da Rocha, Luiz André Alzer, Marcio Dolzan, Márcio Silveira Lemgruber, Marco Fonseca, Octavio Guedes, Ricardo Arnt, Ronald Lincoln, Samara Finis, Sérgio Nogueira, Wilson Baldini Junior e Wilton Junior.

Extensivo a parlamentares que se propuseram a falar, sob anonimato, a seus secretários e assessores, a prostitutas da Vila Mimosa (Rio de Janeiro), da Favela Sol Nascente (Brasília) e as que atendem em hotéis e em endereços privê da capital federal.

Bibliografia

ARNT, Ricardo. *Jânio Quadros – O prometeu de Vila Maria*. Rio de Janeiro: Ediouro, 2004.

BACELAR, Jeferson Afonso. *A família da prostituta – Ensaios 87*. São Paulo: Editora Ática, 1982.

BARBARÁ, Anna Marina; e LEITE, Otília Silva. *As meninas da Daspu*. Teresópolis (RJ): Editora Novas Ideias, 2007.

BENVENUTTI, Lola. *O prazer é todo nosso*. Araraquara (SP): Editora MosArte, 2014.

BENVENUTTI, Lola. *Por que os homens me procuram?* São Paulo: Editora Planeta do Brasil, 2017.

CARRARO, Adelaide. *Eu e o governador*. São Paulo: L. Oren Editora, 1967.

CHAGAS, Carlos. *A ditadura militar e a longa noite dos generais – 1970-1985*. Rio de Janeiro: Record, 2015.

CHASTINET, Tony. *Operação Harém – O mundo secreto da prostituição de luxo*. São Paulo: Companhia Editora Nacional, 2015.

CORRÊA, Villas-Bôas. *Conversa com a memória*. Rio de Janeiro: Objetiva, 2002.

COSTA, Arthur; e BANDEIRA, Lourdes. *A segurança pública no Distrito Federal*. Brasília: LGE Editora, 2007.

D'ARAÚJO, Maria Celina; SOARES, Gláucio Ary Dillon; CASTRO, Celso. *Visões do golpe: a memória militar sobre 64*. Rio de Janeiro: Editora Relume Dumará, 2004.

DIMENSTEIN, Gilberto. *Meninas da noite*. São Paulo: Editora Ática, 1993.

FREITAS, Renan Springer de. *Bordel bordéis: negociando identidades*. Petrópolis (RJ): Editora Vozes, 1985.

GASPAR, Maria Dulce. *Garotas de programa – Prostituição em Copacabana e identidade social*. Rio de Janeiro. Jorge Zahar Editor, 1985.

GUEDES, Ciça; MELO, Murilo Fiuza de. *Todas as mulheres dos presidentes*. Rio de Janeiro: Editora Máquina de Livros, 2019.

LAGENEST, J.P. Barruel de. *Mulheres em leilão*. Petrópolis: Editora Vozes, 1973.

LEITE, Gabriela Silva. *Eu, mulher da vida*. Rio de Janeiro: Editora Rosa dos Tempos, 1992.

LEITE, Gabriela Silva. *Filha, mãe, avó e puta*. Rio de Janeiro: Objetiva, 2008.

LENZ, Flavio. *Daspu – A moda sem vergonha*. Rio de Janeiro: Aeroplano Editora, 2008.

MAGGIO, Sérgio. *Conversas de cafetinas*. Porto Alegre: Arquipélago Editorial, 2009.

MALTA, Rosane. *Tudo o que vi e vivi*. Rio de Janeiro: Editora LeYa, 2014.

MARCHI, Cláudia de. *De encontros sexuais a crônicas*. Brasília: Editora Clube de Autores, 2018.

MEIHY, José Carlos Sebe B. *Prostituição à brasileira*. São Paulo: Editora Contexto, 2015.

MELLO, José Carlos. *Os tempos de Getúlio Vargas*. Rio de Janeiro: Editora Topbooks, 2018.

MELLO, Lucius de. *Eny e o grande bordel brasileiro*. Rio de Janeiro: Objetiva, 2002.

MENDONÇA, Dante. *Maria Batalhão – Memórias póstumas de uma cafetina*. Curitiba: Editora Esplendor, 2012.

MOIRA, Amara. *E se eu fosse pura*. São Paulo: HOO Editora, 2018.

MONTANDON, Rosa Maria Spinoso de. *Dona Beja – Desvendando o mito*. Uberlândia: Editora da Universidade Federal de Uberlândia, 2004.

NETO, João Pinheiro. *Jango – Um depoimento pessoal*. Rio de Janeiro: Record, 1993.

OLIVEIRA, Vanessa de. *O diário de Marise – A vida real de uma garota de programa*. São Paulo: Matrix Editora, 2006.

PEREIRA, Armando. *Prostituição – Uma visão global*. Rio de Janeiro: Editora Pallas, 1976.

PRADA, Monique. *Putafeminista*. São Paulo: Editora Veneta, 2018.

SILVEIRA, Joel. *Viagem com o presidente eleito*. Rio de Janeiro: Mauad, 1996.

SURFISTINHA, Bruna. *O doce veneno do escorpião – O diário de uma garota de programa*. São Paulo: Editora Original (Panda Books), 2005.

URACH, Andressa. *Morri para viver – Meu submundo de fama, drogas e prostituição*. São Paulo: Editora Planeta do Brasil, 2015.

VARGAS, Getúlio. *Diário – Volume I (1930-1936)*. São Paulo/Rio de Janeiro: Siciliano/FGV, 1995.

VARGAS, Getúlio. *Diário – Volume II (1937-1942)*. São Paulo/Rio de Janeiro: Siciliano/FGV, 1995.

VINCENT, Isabel. *Bertha, Sophia e Rachel*. Rio de Janeiro: Relume Dumará, 2006.

Jornais, revistas, sites e portais consultados:

Agência Estado, Correio Braziliense, O Dia, Época, O Estado de Minas, O Estado de S. Paulo, Extra, Folha de S.Paulo, G1, O Globo, Gazeta do Povo, IG, IstoÉ, Jornal de Brasília, Jornal do Brasil, Mundo Ilustrado, Piauí, Playboy, Terra, Tribuna da Imprensa, Trip, UOL, Veja, Zero Hora.

Este livro utilizou as fontes Libre Baskerville e Heading
Now Trial e foi impresso no papel Pólen Avena LD 80g na
Gráfica Idealiza em outubro de 2022, entre o primeiro
e o segundo turno das eleições.